L'ALGÉRIE QUE J'AIME

Du même auteur

Le Viêt Nam que j'aime
Tomes I, II et III
Mon Petit Éditeur 2016

Avec Sophie Foray
Les contes pour Leïla
Ahmed
BoD Éditeur 2017

Le Mali que j'aime
BoD Éditeur 2017

L'ALGÉRIE QUE J'AIME

Éditeur : BoD – Books on Demand
12/14 rond-point des Champs Élysées, 75008 Paris
Impression : BoD – Books on Demand, Allemagne
ISBN n° 9782322159000

Dépôt légal : Juin 2017

L'ALGÉRIE QUE J'AIME

L'ALGÉRIE QUE J'AIME

Jean Bernard Joly

L'Algérie que j'aime

BoD Éditeur

L'ALGÉRIE QUE J'AIME

L'ALGÉRIE QUE J'AIME

L'ALGÉRIE QUE J'AIME

Pour mes enfants et mes petits enfants

En souvenir de Leïla

Pourquoi ?

Il est bien dommage qu'en août 1959, quand j'arrivais en Algérie comme fusilier marin, je n'aie pas mieux connu Ahmed Hanifi et que nous n'ayons pas pu échanger nos impressions sur la suite de la guerre.

Voici ce qu'il a raconté à Marie et moi en 1985, dans sa maison à Tient, sur sa visite en France en juillet 1959.

Voici aussi ce que Jean Lou Prache et moi avons vécu et entendu au même moment.

Septembre 1959
Paris et Birou

Ahmed Hanifi raconte :

En 1959, j'étais revenu chez moi à Tient et j'avais repris mes activités de fellah.

J'étais toujours en relations avec les fellaghas. Il n'y en avait plus beaucoup dans la région, La plupart avaient été tués, capturés ou bien s'étaient engagés dans l'armée française comme harkis.

J'ai été invité par le général de Gaulle en France, pour assister à la fête du 14 juillet. Nous étions environ 2 000 anciens combattants de la guerre de 1940.

Il a donné un grand méchoui, plusieurs centaines de moutons. Nous avons bien mangé et il a fait un discours.

Je me souviens qu'à la fin de ce discours, il a levé les bras bien tendus, et en les penchant à droite, il s'est écrié :
Vive la France à part
Puis inclinant les bras vers la gauche, il s'est écrié à nouveau : Vive l'Algérie à part
Nous avons tous entendu ces exclamations.

Pour nous, cela signifiait qu'il était partisan de l'indépendance de notre pays.

Nous étions très émus.

Au retour dans mon village de Tient, les émissaires des politiques qui résidaient au Maroc de l'autre côté de la frontière, nous ont convoqués. Nous étions plusieurs. Nous avons traversé le barrage « infranchissable » et nous leur avons raconté ce que nous avions entendu : il nous paraissait inutile de continuer les combats qui devaient se résoudre par la paix et l'indépendance. Il suffisait d'attendre.

Ils ne nous ont pas crus. Nous avons subi des interrogatoires très serrés. Ils nous ont fait revenir plusieurs fois. Chaque fois, nous franchissions le barrage infranchissable et nous portions les paroles du général de Gaulle.

Pour moi, c'était une affaire entendue. J'ai mis mes efforts pour écarter les quelques djounoud qui restaient, en leur conseillant de ne plus exciter les soldats du poste de Tient.

Le plus souvent ils m'ont écouté.

Il n'y a plus eu d'embuscade, plus de combats.

Je raconte:

En août de la même année, j'arrivais au deuxième bataillon de la DBFM (Demi Brigade de Fusiliers Marins), comme médecin du poste de Tient.

Je n'avais pas d'opinion particulière, tout entier consacré à mon travail de soins aux populations des villages alentour, que je commençais seulement à connaître.

Un jour, Jean Lou Prache, commandant du poste « commandar liet'nant dougalon » comme l'appelaient les algériens, me dit : « Je dois aller à Birou, un poste sur la frontière pour aller écouter le général de Gaulle qui fait sa tournée des popotes. Veux-tu venir ? »

Nous sommes partis dans sa jeep qu'il conduisait lui-même, par un très mauvais temps qui rendait les chemins glissants.

Le Général est venu en hélicoptère, dans une suite de 25 machines.

Il y avait devant lui une vingtaine d'officiers. Il nous a parlé à une distance de portée de main. C'est pourquoi je ne peux pas me tromper sur ce qu'il disait.

« Vous êtes là pour apporter la paix. Il y a encore quelques rebelles, pourchassez-les et mettez-les hors de nuire. Mais ce que vous devez faire maintenant c'est la préparation de l'avenir de l'Algérie, qui doit devenir capable de prendre sa destinée en mains, plus tard. C'est pourquoi tous vos efforts doivent porter sur la pacification, pour permettre ce passage. »

Il s'est envolé.

En France, on ne parlait que de sa phrase :
« Vive l'Algérie Française ».

Quand j'ai raconté dans mes lettres cet épisode, on ne m'a pas cru. Une nouvelle fois, il n'y avait pas de confiance.

Et pourtant la teneur du discours du Général était claire.

Pendant le chemin du retour, Jean Lou Prache s'est expliqué, comme à son habitude.

Nous avions bien compris que la recherche obstinée du combat ne servirait plus à rien, si ce n'est à faire disparaître des hommes qui avaient peut-être quelque chose à faire dans la nouvelle Algérie, l'Algérie qui serait indépendante.

Depuis ce moment, il m'a aidé, encouragé, soutenu dans mon travail de soins aux populations, au poste et dans les villages alentour.

Je pouvais me consacrer entièrement à cette vie nouvelle qui allait me permettre de connaître les Algériens.

C'était aussi le début de mon engagement en faveur des personnes démunies du tiers-monde.

Pourquoi écrire ?

À l'automne de 2006, une exposition au Grand Palais à Paris réunissait des tableaux des peintres ayant illustré la conquête de l'Algérie au XIX° siècle. Ils suivaient les armées et notaient les faits de guerre ou de civilisation qui leur paraissaient intéressants, ou bien peignaient sur ordre.

Ces tableaux étaient tous magnifiques. Certains décrivaient les batailles contre l'Emir Abdelkader, d'autres des combats singuliers ou la prise de villes, comme Oran ou Alger.

Ce qui m'a frappé, c'est la magnificence des costumes des algériens de cette époque. Chevaux superbes, tenues splendides, armes richement décorées.

L'intérieur des maisons, bien sûr les plus riches, était garni de tentures, décoré de meubles magnifiques. Des vasques de bronze, de terre cuite, des objets de ménage en argent, démontraient un luxe inconnu de beaucoup de ménages bourgeois de la France de l'époque.

Ce n'était pas des inventions de peintres. C'était la réalité, mise sur la toile, comme un reportage photographique.

Que montrent mes photos prises pendant mon séjour algérien ?

Des gens d'une extrême pauvreté, d'une misère incroyable. Même dans les maisons riches, des décorations simples, même pas anciennes.

Tout mettait en évidence une grande paupérisation.

Comment une société si riche, si opulente, avait-elle pu se réduire à la misère ?

J'ai vécu dix huit mois parmi la classe la plus basse de cette société, les paysans.

Ils m'ont ouvert leurs maisons, dans lesquelles je n'ai vu aucun objet d'art. Bien sûr ce qui était précieux avait été caché, ou volé par les fellaghas ou les troupes françaises. Mais même une cruche en terre avait une valeur, car on n'avait pas assez d'argent pour la remplacer.

Les soins étaient inconnus. Mourir de maladie bénigne était courant.

Peu d'entreprises, sauf la conserverie de poissons de Nemours.

Un artisanat de rue ou de petites boutiques. Des marchands de rien ou seulement de produits nécessaires à la vie courante.

Comment était-il possible qu'en deux cents ans, la présence de la France n'ait pas abouti à l'enrichissement des populations locales, françaises de surcroît, car l'Algérie était divisée en quatre départements français ?

Comment parler de paix, de développement, d'entente, à des gens dont le pays avait été conquis, qui pour beaucoup d'entre eux avaient été spoliés de leurs biens, qui pour les autres avaient vu mettre en valeur des terres qu'ils considéraient comme improductives, et qui enfin, malgré leur statut de citoyens français, n'avaient jamais eu les mêmes droits que les Français de souche émigrés après la guerre de 1870 ou pendant celle de 1914. Même les autres Européens, par exemple les Espagnols, qui ont trouvé refuge en Algérie à l'occasion de leur guerre de 1936, avaient des droits civiques supérieurs.

La communauté « Pieds noirs » était formée d'hommes et de femmes habitant le pays depuis fort longtemps. Ils étaient venus avec l'armée d'invasion, avaient acheté à bas prix des terres, ou bénéficié d'expropriations.

Leurs enfants et leurs petits enfants avaient fait leur vie en Algérie, exerçant tous les métiers d'une société moderne.

Les Algériens de souche étaient pour la plupart des personnes peu éduquées, n'ayant pas pu faire des études supérieures, souvent réduites aux métiers de services : ouvriers agricoles, manœuvres.

Les intellectuels algériens étaient peu nombreux, ne disposaient pas des possibilités d'accès aux postes de décision. Parmi eux, peu de médecins, d'ingénieurs.

La direction des entreprises ne leur était pas accessible.

Germaine Tillon, qui a vécu en Algérie bien avant la guerre de 1940 et y est retournée pendant la guerre d'indépendance, parle à juste titre de la « clochardisation de la population algérienne ».

Il était demandé à l'armée, outre de rétablir l'ordre, ce qui était fait en 1959, d'aider le pays à sortir de la misère, d'assurer son développement.

Observé maintenant avec 50 ans de recul, c'était impossible.

La politique internationale s'était emparée de ce conflit, l'avait idéologisé. Les intellectuels de gauche français étaient lancés dans une campagne de décolonisation et, tout à la recherche de leur objectif, aveugles aux intérêts internationaux et au danger du marxisme léninisme, ne tenaient même pas compte des intérêts des populations colonisées.

La France sortait de la guerre d'Indochine.

On ne voulait pas voir dans la guerre d'Algérie la composante marxiste, cachant l'emprise politique et économique que l'URSS voulait imposer au reste du monde.

Quant à nous, hommes du terrain, nous ne pouvions que travailler au développement du pays, pensant que peut-être la présence de la France serait pour ses habitants la meilleure protection.

Depuis plusieurs années, Marie et mes enfants me demandent d'écrire mes souvenirs d'Algérie. Au fur et à mesure de l'écriture, ils apparaissent, demandant leur tour, se présentant comme importants et dignes de survivre.

Je les écris, mais l'essentiel reste à dire.

Pourquoi suis-je allé en Algérie pendant la guerre ?

Pourquoi suis-je reparti si amer ?

J'aurais bien voulu noter à ce moment-là mes pensées. D'autres l'ont fait alors ou plus tard, avec une certitude qui me renverse. Ils disent : « j'ai toujours pensé, je n'ai jamais hésité, j'ai toujours été de ce côté, avec ceux-ci ou ceux-là. Je ne renie rien, etc..... »

Et moi ? Qu'ai-je à dire ?

J'ai écrit de nombreuses fois à ma mère. J'y relatais mon travail, et peut-être mes pensées. Elle m'a dit, peu de temps avant de mourir, qu'elle avait gardé toutes ces lettres, elles étaient dans le haut d'un placard. Mais la mort l'a empêchée de les sortir et de me les donner.

Après, j'ai demandé à mes sœurs qui ont rangé les nombreux papiers de me les confier. Elles m'ont dit ne pas les avoirs retrouvées. Je n'ai donc rien qui puisse servir de bibliographie personnelle.

J'ai souvent échangé avec Jean Lou Prache. J'ai rencontré François Filachou.

Mais ce qui compte, c'est ce que j'ai pensé, moi, à ce moment.

J'ai le sentiment d'idées complexes, mélangées, contradictoires. Autrement dit d'une grande incertitude.

Etais-je pour l'Algérie Française ou non ? Là est la question, car ceux qui l'ont dit ont été parfois jusqu'au bout de leur pensée, en refusant les ordres et ils ont été condamnés puis emprisonnés.

D'autres ont choisi la rébellion armée, l'OAS. J'ai eu parfois l'impression qu'on me classait dans cette catégorie.

Je n'en ai jamais été.

J'étais partisan d'une Algérie heureuse, en paix, développée, restant amie de la France et des Français dont je suis, qui ont donné une partie de l'énergie de leur vie et leur amour pour que les femmes et les hommes de ce pays puissent suivre une évolution vers l'indépendance, l'éducation, le bonheur, la richesse.

Il faut que je parle.

Je cherche à rester honnête avec ma conscience, à ne pas hurler avec les loups, mais cinquante ans ont passé. Quoi que je dise maintenant, je sais que le temps qui s'est écoulé depuis ce séjour algérien a modifié ma pensée.

Et puis, est-il nécessaire d'avoir une position tranchée ? L'essentiel n'est-il pas de tenter de traduire une attitude par les actes posés ?

J'ai cherché dans les textes historiques quelque chose qui m'aurait aidé. Je n'ai rien trouvé que des statistiques de morts de part et d'autre, variables selon le parti ou la tendance, ou la nationalité de ceux qui les expriment.

C'est Ahmed Hanifi qui m'a mis sur la bonne voie.

Lors du passage de Marie et moi à Tient, il nous a raconté sa vie, son voyage en France le 14 juillet 1959 et le discours du général de Gaulle ce jour-là aux anciens combattants.

Comme je l'avais entendu au poste de Birou dans les semaines qui ont suivi, j'ai cherché et retrouvé un discours d'une date voisine, le 16 septembre 1959.

J'en ai placé un extrait en annexe.

Ce texte résume tout.

Il y a dedans des paroles humaines, mais aussi les incertitudes qui me poursuivent dans ma recherche.

Après avoir entendu le Général à Birou, nous avons, Jean Lou Prache et moi et bien d'autres, souscrit à sa demande de terminer la guerre pour amener la paix. Cela a été fait.

Nous avons compris que les Algériens devaient déterminer eux-mêmes ce qu'ils souhaitaient devenir. Nous pensions quant à nous qu'ils choisiraient sans hésiter l'indépendance.

Nous l'avons accepté.

L'Algérie française nous paraissait impossible.

Nous étions certains que le pire aurait été la séparation totale, ce qui malheureusement a été.

Alors, voici ce que je pense être réellement mon souhait de l'époque : que l'Algérie soit indépendante en association avec la France, chacun respectant l'autre.

Utopie historique cruellement démentie par la bascule de ce pays magnifique et fier dans le communisme qui l'a broyé.

Leïla

Octobre 1983

Nous rentrions de vacances. Je devais reprendre le travail à l'hôpital le lendemain matin.

Un téléphone.

L'interne de garde du service de pédiatrie que je dirigeais à l'hôpital d'Angoulême, me demandait de venir car il venait de recevoir une petite fille bien mal en point, et ne savait pas comment résoudre le problème.

Cet appel téléphonique, banal pour un chef de service, devait complètement bouleverser notre vie. Je ne m'en doutais pas.

Leïla était dans une chambre du fond, à droite, à demi assise dans son lit, respirant difficilement et regardant son entourage avec de grands yeux noirs.

L'angoisse régnait parmi ceux qui entouraient le lit.

L'interne, calme mais inquiet, annonçait qui j'étais et pourquoi il m'avait demandé. Il y avait des parents : un homme jeune, mince, maghrébin, une femme.

« Qui êtes-vous ?
Je suis son frère : Senouci Fodil.
Je suis sa tante : Hafeda Bouamama. »

L'état de l'enfant ne demandait pas des grands discours. Sa maigreur impressionnante signait la gravité du mal. Sa respiration était difficile et une radiographie du thorax déjà faite montrait une énorme opacité au milieu du médiastin. Etait-ce un gros cœur, ou une tumeur ?

Un des assistants de Marc Waynberger, chef du service de cardiologie, qui passait beaucoup de temps à l'hôpital, a accepté de faire aussitôt une échographie. Le diagnostic est arrivé. Le cœur de l'enfant était normal. Il y avait du liquide dans le péricarde et surtout une énorme tumeur du médiastin. C'était un lymphome malin non hodgkinien thoracique, la forme la plus grave de ces tumeurs.

L'annonce de la gravité n'a pas surpris. Le mot de tumeur effrayait. Le nom de la tumeur ne disait rien.

Ce lymphome était étendu non seulement au thorax, mais aussi aux os des jambes. La moelle osseuse était envahie. Les chances de guérison étaient minces.

Avec un traitement corticoïde et les premières cures de chimiothérapie, l'état de Leïla s'est amélioré. L'essoufflement a disparu, la radio de thorax s'est nettoyée.

Nous commencions à connaître son histoire, racontée par Senouci.

Leïla Fodil avait 3 ans. Elle venait de Saïda en Algérie, à 200 kilomètres au sud d'Oran. Elle avait commencé à être malade il y a quelques mois. Conduite à Oran, le diagnostic de péricardite avait fait faire un drainage dont elle conservait la cicatrice.

Les traitements antibiotiques n'y avaient rien fait. La famille avait décidé de l'emmener en France. Il y avait à Chasseneuil une tante qui l'accueillerait. Son frère Senouci l'accompagnerait. Le voyage fut terrible : En auto de Saïda à Oran. En bateau jusqu'à Marseille. Leïla se tenait en permanence dans les bras de son frère, ne mangeait qu'à peine, ne pouvait pas marcher.

En train de Marseille à Bordeaux. Des voyageurs s'étaient apitoyés sur l'enfant. Senouci avait expliqué. Plusieurs femmes avaient fait ce qu'elles pouvaient pour soulager cet étouffement qui augmentait.

Il aurait pu rester à Bordeaux. Mais il ne connaissait personne. Personne ne lui a dit d'aller aussitôt à l'hôpital le plus proche, le CHU. C'était tard, il n'y avait plus de train, il est parti en taxi jusqu'à Chasseneuil.

L'oncle et la tante, voyant l'état de gravité de Leïla, ne l'ont fait entrer que dans le sous-sol, car ils craignaient une maladie hautement contagieuse pour leurs propres enfants. Le médecin du village, arrivé aussitôt, a conseillé l'hospitalisation à Angoulême.

Pendant les quelques semaines de son séjour dans le service de pédiatrie, Senouci restait auprès d'elle, dans sa chambre. La présence des pères auprès de leurs enfants hospitalisés n'était pas encore une habitude, surtout pendant la nuit.

Les infirmières craignaient sa présence.

Il parlait bien français, mais avec une voix parfois rude, nerveux et en permanence sur ses gardes. Il sortait peu, allait au village voisin de Saint Michel. Dans un bistrot il s'est fait agresser verbalement et a riposté avec ses poings. À son retour, il me disait son étonnement.

Il nous disait que son père n'avait pas pu venir, car il était très malade d'un cancer de l'estomac.

Il montrait la photo de sa mère, petit cliché en couleurs, de mauvaise qualité. C'était une femme entourée de voiles multicolores, son visage semblait assez âgé. Nous nous sommes demandés comment elle pouvait être la mère d'un si jeune enfant. Mais le problème était ailleurs, centré sur la maladie. Nous n'y avons pas prêté plus d'attention.

Le traitement des lymphomes malins comprend, après un premier temps assez intensif et dangereux, un traitement d'entretien plus doux, mais long.

J'ai dit à Senouci que ce traitement devait et pouvait être fait en Algérie. Mais il fallait encore quelques semaines de traitement en France sous surveillance médicale étroite et pour que sa sœur puisse reprendre quelques forces.

Il me dit alors qu'il ne pouvait pas rester.

Il était venu muni de faux papiers. Il me les a montrés. Tout était truqué. Le certificat de prise en charge par la sécurité sociale algérienne était un manuscrit pourvu de tampons officiels, qui a été accepté par l'administration hospitalière française après enquête, mais un approfondissement aurait facilement montré que le médecin de la Sécu de Saïda avait outrepassé ses pouvoirs.

La carte d'identité de Senouci était falsifiée. En regardant par transparence, on voyait bien les couches successives de papiers collés. Le certificat d'accomplissement des obligations militaires algériennes, exigé pour sortir du pays, était lui aussi un faux.

Senouci ne voulait pas rester. Il a demandé à rentrer et à emmener sa sœur.

Du seul point de vue médical c'était une folie. Le traitement initial avait réussi, mais la consolidation restait à faire, elle comportait des dangers d'anémie et d'infection. Leïla devait rester en France pendant ce temps.

Marie, mon épouse, venait faire jouer les enfants hospitalisés. Elle avait été surprise par cette petite fille affectueuse, mais ne parlant pas, si malade, et accompagnée de son frère.

Nous avons beaucoup parlé de cette situation exceptionnelle.

Que faire ?

Les souvenirs de mon séjour algérien me sautaient au visage. Je revoyais les multiples enfants soignés à Tient. J'imaginais la pauvreté et les difficultés que Senouci avait rencontrées à la fois pour soigner sa sœur à Oran et aussi pour venir en France. Tout cela allait-il être compromis par un retour dès maintenant ?

Un jour à déjeuner, nous évoquions à nouveau cette question. Je demandai à Marie si elle accepterait de prendre Leïla à la maison pendant les quelques semaines du traitement de consolidation. Ce serait pour elle plus agréable que de rester à l'hôpital.

Elle a dit oui.

Nous en avons parlé à Senouci qui a alors renoncé à emmener sa sœur à Saïda. Il l'a accompagnée chez nous, puis il est aussitôt reparti en Algérie.

Pendant ces quelques semaines, Marie s'est occupée d'elle. Elle jouait avec elle, nos enfants tentaient de la distraire. Je disais quelques phrases en arabe avec les mots qui me restaient. Parfois elle riait car ma prononciation ne devait pas être bien bonne, mais elle ne répondait jamais dans sa langue maternelle.

Son état s'améliorait rapidement. Elle recommença à marcher.

Marie la conduisait dans le service pour lui faire subir les injections de chimiothérapie nécessaires. Pendant plusieurs heures après ces traitements douloureux et qui font vomir, elle restait auprès d'elle, lui tenant la main, lui chantant quelques comptines, lui lisant des histoires.

Vers le mois de décembre, elle était suffisamment forte pour rentrer chez elle. Le père de sa tante de Chasseneuil en visite dans sa famille, qui venait la voir de temps à autre, devait rentrer et a accepté de la prendre avec lui. Leïla aimait ce « papa Chougrani ». Il lui racontait des histoires en français. Elle avait plaisir de ses visites.

Ils sont repartis par l'avion de Bordeaux.

J'avais préparé un dossier complet pour le médecin du Centre Emir Abdelkader à Oran (CEA), spécialisé dans le traitement des enfants atteints de cancer. Elle avait probablement été hospitalisée dans cet établissement avant sa venue en France. Un contact téléphonique avait été pris avec le professeur Aguercif que je connaissais. Tout semblait en ordre pour pouvoir poursuivre un traitement en Algérie.

Nous avons accompagné le grand-père et la petite fille à l'aéroport. À l'époque, on allait à pied vers la passerelle de l'avion et nous apercevions Leïla emmitouflée dans un manteau de peau de mouton qui la faisait ressembler à une grosse boule blanche qu'un vieux monsieur tenait par la main, aller vers l'avion.

Elle avait dans sa valise une bouteille de pastis que Senouci nous avait demandé de lui confier pour remercier le maire de la ville de Saïda de ses interventions.

Nos vacances de Noël se passaient dans notre maison de campagne de la Petite Dennerie.

Peu avant la fête, un téléphone de Saïda nous a fait joindre Senouci. Il n'avait pas pu, disait-il, faire prendre en charge les soins de Leïla par le CEA. Il avait tenté de l'emmener à Alger. On ne l'avait pas acceptée. Il nous suppliait de la reprendre en France.

Nous savions que ce serait une très lourde charge, surtout pour Marie. Mais pouvions-nous refuser ? Nos enfants étaient grands, la maison était vaste, l'hôpital n'était pas loin.

Marie a accepté de la reprendre chez nous et de l'accompagner pendant son traitement.

Ainsi a commencé cette aventure familiale qui nous a tous menés si loin.

Marie raconte

Quand j'ai répondu « oui » à la question de Jean Bernard d'accueillir Leïla pendant quelques temps, je n'imaginais pas totalement ce que cela représenterait. J'ai laissé parler mon bon cœur : une petite fille était malade, son frère devait repartir en Algérie alors qu'elle restait là pour continuer son traitement pendant un ou deux mois.

On ne pouvait pas la laisser deux mois enfermée à l'hôpital. Nous avions une grande maison, donc, pas de problème, nous la prenions chez nous.

Mais accueillir à la maison une petite fille algérienne de trois ans, gravement malade, ne marchant pas tant elle est faible, ne parlant pas le français, c'est tout un bouleversement de la vie personnelle et familiale.

Nos enfants, Agnès avait 19 ans, Isabelle avait 16 ans, et André 13 ans, l'ont vue arriver comme une petite sœur qui allait leur prendre un peu de leur maman. André lui a cédé sa chambre, située à côté de la nôtre. Il est parti dans la petite chambre donnant sur la cour dans la deuxième partie de la maison.

Le dimanche, nous avions l'habitude d'aller à la messe tous ensemble. Avec Leïla nous ne pouvions plus et nous nous sommes partagés, les uns le samedi soir, les autres le dimanche matin. Nous n'avions pas à faire vivre l'expression de notre foi à une petite fille de famille musulmane. Nous respections sa religion.

Quand les enfants rentraient du collège ou du lycée, c'était difficile pour eux de se mettre au travail plutôt que d'aller jouer avec Leïla, s'émerveiller devant ses progrès en français, lui lire une histoire quand elle était fatiguée, prendre de ses nouvelles, essayer de comprendre.

Leïla était gravement malade. Pour moi cela a été pendant 18 mois un accompagnement quotidien.

Les premiers jours, la mettre en confiance, comprendre ses gestes, ses regards et ce qu'ils veulent exprimer.

Dès notre arrivée avec elle rue Jules Durandeau, nous l'avions installée dans un des fauteuils du salon, bien calée avec des oreillers. Mais elle gémissait doucement, manifestant ainsi son inconfort. Elle tendait sa main et son index un peu courbé, comme pour nous montrer quelque chose. À toutes les tentatives de réponse, elle disait non d'un mouvement de la tête. Ne sachant que faire, Jean Bernard l'a prise dans ses bras et comme dans un jeu de cache tampon, nous avons parcouru la maison. C'était toujours « non. »

Le doigt indiquait le jardin. Nous sommes sortis. Son doigt nous dirigeait vers le garage, puis vers la voiture, et dans la voiture il s'est arrêté sur le siège auto dans lequel elle avait été transportée. Aussitôt assise dans ce siège, elle s'est endormie. Encore dans un état d'épuisement intense, elle ne se sentait bien que dans ce siège-auto, où elle se trouvait maintenue de chaque côté et suffisamment assise pour pouvoir regarder, sans parler.

Elle y est restée jour et nuit plusieurs jours. On la déplaçait de sa chambre vers la cuisine et au salon. C'était le lit de repos qui lui convenait le mieux.

Je lui ai appris à manger, à marcher, à parler.

Pendant plusieurs semaines Leïla n'a pas dit un mot ni en arabe, ni en français. Elle parlait avec ses yeux et ses mains. Elle semblait comprendre tout ce que nous disions par gestes, on pouvait rire, s'amuser, mais pas échanger. Il lui a fallu à peu près un mois pour se mettre à parler. Nous étions allés passer l'après midi du dimanche à la campagne, elle marchait en équilibre sur un tronc d'arbre en me donnant la main, quand d'une petite voix toute douce elle a appelé :

Agnès !

Et très vite alors elle a fait des phrases complètes, comme si elle avait tout enregistré petit à petit avant de se lancer pour parler. Jamais elle n'a voulu parler arabe, ni avec Jean Bernard ni avec Hafeda, ni avec son grand père papa Chougrani. Sa vie, à ce moment, était française.

Elle a toujours eu bien conscience de sa nationalité algérienne. Très souvent elle disait :

« Je suis algérienne ; quand je serai guérie, je retournerai chez moi à Saïda. » Elle a même invité notre ami Alou Traoré de Ségou qui est venu à Angoulême pendant son séjour.

Je l'ai accompagnée pendant ses soins.

L'hôpital est devenu notre seconde maison. Certaines semaines, nous allions tous les matins à l'hôpital de jour, une salle spécialisée pour les soins des enfants atteints de cancers.

Nous y étions accueillis par Danièle Maillet, l'infirmière et Jacqueline Jourde, l'aide soignante. Leïla les aimait beaucoup, et c'était réciproque.

La chimiothérapie est un traitement lourd, que je n'avais jamais approché de près, même si j'allais déjà régulièrement à l'hôpital chaque semaine depuis dix ans pour faire jouer et distraire les enfants hospitalisés, une parmi l'équipe des « dames de jeux » que j'avais organisée dès 1972.

Là il s'agissait d'être près de Leïla pendant les perfusions, la distraire, attendre, côtoyer les autres enfants malades à côté d'elle, rencontrer les parents de ces enfants. Puis le retour à la maison d'une petite fille toute fatiguée, avec des vomissements fréquents.

Elle restait dans son lit, somnolait, vomissait, je racontais des histoires, ou elle les écoutait sur le magnétophone, attendant le retour d'André et d'Isabelle qui venaient aussitôt la voir, puis celui de Jean Bernard.

Cela durait quelques heures, et tout d'un coup, elle bondissait de son lit en disant : « C'est fini. Marie, je vais bien. » Puis gentiment elle demandait : Quand est-ce qu'on retourne à l'hôpital ?

En fait elle voulait savoir combien elle avait de temps tranquille.

Quand ses forces sont revenues, nous allions au marché ensemble, elle était dans la poussette. Sa présence à mes côtés posait question à certaines personnes du quartier. L'une d'elles un jour m'a demandé si elle était la fille d'Agnès. (Nous avons découvert bien plus tard que sa mère avait le même âge qu'Agnès).

Au mois de mars, elle allait bien, et nous sommes allés l'inscrire à l'école maternelle. Ce fut un peu difficile de la faire accepter en milieu d'année, et de ne pas venir les jours où elle serait à l'hôpital, mais finalement, la directrice a bien voulu. Le jour où je l'ai conduite et laissée, c'était pour moi la même émotion que quand j'avais conduit André, il n'y avait plus personne à la maison en rentrant. Mais, comme pour André, il n'y a pas eu de problème, elle était très contente. Elle racontait ce qu'elle faisait.

Au bout de quelques jours elle m'a dit : « Tu sais, Marie, je ne comprends pas les enfants de l'école. Ils ne parlent pas bien le français. » Bien sûr, elle était dans la section des petits qui parlaient encore bébé. Et elle n'a jamais parlé comme un bébé.

La vie continuait, Isabelle et André avaient aussi besoin de moi. Agnès était partie étudier à Bordeaux et venait seulement les fins de semaine. Leïla jouait très bien tranquillement toute seule pour me permettre d'être avec eux.

J'ai dû abandonner un certain nombre de mes activités, mais j'ai conservé mon engagement en aumônerie de lycée, avec l'aide d'une amie qui prenait Leïla en charge le jour où j'y allais. Jacqueline et Jean Pierre Vincent ont été pour moi d'une très grande aide pendant toute cette période. Leïla a trouvé chez eux la même affection que chez nous et elle aimait bien quand je l'y déposais. Parfois, Jacqueline est venue la garder chez nous quand elle était trop fatiguée pour sortir. Ses filles Anne et Béatrice étaient aussi ses grandes amies. Elles ont été très marquées par son passage : elles ont eu beaucoup de mal a accepter qu'une si gentille petite fille puisse être malade de la sorte. Elles n'ont pas accepté cette maladie, puis sa mort. Elles en ont fait reproche à Dieu, comme si c'était Lui qui l'avait voulu.

Le père Gabriel Toulisse nous a bien aidés à réfléchir à la présence de Leïla parmi nous. Pourquoi était-elle là, pourquoi cette maladie ; et après, pourquoi sa mort ? Le Christ souffrant présent à nos côtés, avec sa force de résurrection. Quel appel pour la suite ? C'est une autre histoire.

Quand à Noël 1983 Leïla est revenue dans notre maison de campagne de la Petite Dennerie, c'est Isabelle qui a laissé sa chambre pour qu'elle soit à côté de nous.

L'été suivant, nous y avons passé de longues vacances ensemble. Nous avons ramassé beaucoup de petites prunes sauvages, elle aimait bien les chercher dans l'herbe après avoir secoué les branches. Depuis, il n'y en a jamais eu autant que cette année là.

Quand nous allions plus loin, Jean Bernard la mettait dans la brouette pour aller dans les chemins non carrossables avec la poussette. Et elle trouvait cela très confortable. Nous allions dans cet équipage chercher le lait chez nos voisin agriculteurs de la Grande Dennerie.

Après les soins à Angoulême, il y a eu ceux de l'hôpital de Villejuif, près de Paris : trois semaines d'hospitalisation loin de chez nous pour une auto-greffe de moëlle.

De cette période, je m'aperçois que j'ai peu de souvenirs. Peut-être ai-je voulu oublier.

Leïla était dans une chambre stérile, « chambre bocal », aux parois toutes vitrées. Son sourire était toujours là, mais la fatigue aussi. Nous passions les journées ensemble, tranquillement. Le soir, j'allais dormir chez ma sœur Yvonne, rue Madame.

Je prenais le train à Angoulême le lundi matin, je rentrais à Angoulême le jeudi soir, laissant la journée du vendredi aux sœurs de Jean Bernard, Geneviève, Chantal ou Monique qui allaient très affectueusement passer un moment avec elle. Puis Jean Bernard venait le week-end.

Ce fut une période difficile pour tout le monde : Isabelle et André étaient seuls la semaine, avec Jean Bernard le soir. Agnès qui venait de Bordeaux passer les week-ends à Angoulême ne voyait pas Jean Bernard.

Pendant tout son séjour avec nous, il ne faut pas croire qu'il n'y a eu que des moments difficiles. Je dirais même qu'il y a eu des moments de bonheur.

La difficulté, c'était la maladie, le bonheur c'était Leïla, son sourire, sa joie de vivre. S'émerveiller devant ses progrès en français. Six mois après son arrivée, elle me dit un jour : « Marie, je te fais une suggestion. » Et c'était ensuite une de ses expressions favorites.

Jouir du moment de détente d'une après midi où elle n'a pas mal au coeur. Admirer son attention aux autres : devant un monsieur inconnu qui à la gare avait ramassé son jouet tombé, le lui avait rendu puis était parti : « Marie, qu'est ce que je peux faire pour remercier ce monsieur ? »

S'émouvoir devant ses interrogations existentielles : Comme toute petite fille de son âge, elle avait sans cesse à la bouche des pourquoi et des comment ? Mais une de ses questions me reste encore au fond du cœur. Parmi les histoires racontées, il y avait bien sûr les classiques comme le Petit Chaperon Rouge ou Le loup et les sept petits biquets. C'est à la fin de l'une d'elles qu'elle m'a demandé :

« Marie qu'est-ce que c'est une maman ? » Et après ma réponse :

Et moi, qui est ma maman ?

Elle savait bien que nous n'étions pas ses parents. Mais mon trouble a été d'autant plus grand que je ne savais pas répondre.

Nous ne savions pas encore que Senouci n'était pas son frère mais son père, quant à sa mère, je n'en avais aucune idée. La personne sur la photo nous paraissait bien âgée pour être mère d'une petite fille de trois ans. J'ai donc évoqué toutes les femmes dont elle parlait et qui étaient ses tantes ; parmi elles une devait être sa maman.

Je n'ai appris qu'après sa mort que c'était Nadia. Leïla ne l'a jamais su.

Vivre au jour le jour en profitant de chaque moment de bonheur qui vient éclairer les moments difficiles.

Faire confiance.

Cette vie avec un enfant gravement malade, beaucoup de familles la vivent. Pour toutes, c'est un bouleversement de la vie familiale. Certaines la vivent avec un enfant, un frère ou une sœur, des cousins, des amis.

Ce que j'ai ressenti avec Leïla, c'est que chaque jour, une force était là pour m'aider à le vivre, c'était la force de Jésus Christ, présent à nos côtés, souffrant avec nous. La force aussi de la cohésion familiale et de l'amitié autour de nous. Car on a beaucoup besoin des autres dans ces moments là.

Bien sûr, Leïla n'était pas notre propre enfant. Mais nous lui avions fait sa place dans notre famille, nous lui étions très attachés et nous savions qu'un jour elle nous quitterait, soit guérie vers sa famille en Algérie, soit par la mort.

Après l'hospitalisation à Villejuif et l'échec du traitement, Leïla est rentrée à Angoulême juste avant Noël, vivre ses deux derniers mois, jusqu'à sa mort le 18 février, fête de Notre Dame de Lourdes.

Isabelle, partie aux sports d'hiver aux vacances de février, est rentrée juste à temps pour lui dire au revoir. Elle avait un pouce cassé et a dû aller seule à la clinque St Joseph pour le faire réparer, car je restais auprès de Leïla.

Pour André, elle a vraiment été une petite sœur avec qui il venait souvent jouer. Elle a pris une si grande place dans sa vie, dans sa tête, dans son cœur que cela l'a bien souvent empêché de travailler. Mais cela lui a aussi permis d'ouvrir les yeux sur autre chose. Et quand après sa mort Senouci l'a invité à venir passer ses vacances de Pâques à Saïda, il n'a pas hésité à prendre l'avion tout seul, il n'avait pas 15 ans. Et il a été le premier à aller sur sa tombe à Saïda.

Quant à moi, après sa mort, j'ai ressenti un grand vide. Que faire de toute la journée ? J'ai installé un grand puzzle sur la table du salon. J'ai fait de nombreuses parties de solitaire avec le jeu venant de Madagascar, offert par Jean Florent. Cela a comblé quelques trous.

Et puis petit à petit, avec tout l'amour de Jean Bernard, d'Agnès, d'Isabelle et d'André, la vie a repris son cours.

De nouveaux horizons se sont ouverts. Jean Bernard avait commencé à partir au Viêt Nam et au Mali. C'est alors que j'ai suivi une formation au CLER pour pouvoir l'accompagner avec une compétence sur la planification familiale naturelle.

Merci à Leïla d'avoir partagé un temps notre chemin. Sa venue n'était pas un hasard. Nous y avons vu un signe de Dieu qui nous a accompagnés pendant tout ce parcours semé d'embûches, de douleurs, d'émotions et aussi d'un profond bonheur, puis dans la suite de notre vie.

C'est l'amour qui demeure, car Leïla est toujours vivante dans la Fondation qui porte son nom à travers le monde.

L'Institut Gustave Roussy
Les dernières semaines

À cette époque, le traitement des lymphomes malins non hodgkiniens ne laissait pas beaucoup d'espoir dans les formes thoraciques, où les manifestations de la maladie commençaient par une pleurésie, une péricardite, et des ganglions dans le médiastin ; c'était le cas de Leïla.

Quand il y avait récidive après le traitement initial et un traitement d'entretien bien conduit, il fallait s'attendre au pire.

Mais depuis quelques mois, on parlait beaucoup du traitement par irradiation puis greffe de moelle. Pour Leïla, il n'y avait pas de donneur familial possible, on pouvait envisager seulement de lui prélever de la moelle et de la lui réinjecter après irradiation complète.

Après avoir vu son dossier, Jean Lemerle, professeur de pédiatrie-oncologie, acceptait de faire ce traitement.

Leïla est entrée à l'Institut Gustave Roussy accompagnée de Marie et moi. Nous étions venus d'Angoulême en auto. Le temps était exécrable, la neige s'était étendue sur toute la région parisienne avec du verglas. Malgré cela, nous sommes arrivés à l'heure pour le rendez-vous.

La première personne rencontrée fut l'assistante sociale affectée à l'entrée. Nous lui avons présenté les papiers, la lettre que j'avais rédigée, le dossier, et la prise en charge de la sécurité sociale algérienne. Quelle ne fut pas notre surprise de l'entendre dire sèchement : « Qui paye les frais de séjour et de traitement ? » C'est la sécurité sociale algérienne avons-nous répondu.

Elle ne voulait pas le croire, et nous menaçait de nous faire payer tous les frais si cette Sécu ne payait pas !

Il y a eu de nombreux examens complémentaires. Nous croyions toujours passer les premiers, car nous étions arrivés les premiers bien à l'heure, mais Leïla était toujours appelée dans les derniers. Les précédents, arrivés en retard du fait de la neige, passaient avant nous.

Nous sommes ensuite montés à l'étage de la pédiatrie. La surveillante nous a fait visiter les salles d'hospitalisation et l'entrée de celle réservée aux patients pour une greffe de moelle, salle stérile « La mer ».

Il fallait s'habiller. Tout ce qui entrerait dans la chambre de Leïla devait passer à l'autoclave, même le magnifique nounours tout doux que ma sœur Monique venait de lui donner et qu'elle serrait dans ses bras avec tendresse. Marie a plaidé pour lui, mais il n'y a rien eu à faire. Il est ressorti de la stérilisation tout rétréci et tout feutré, un désastre.

Il était tard. Nous avons été invités à partager le repas du soir des parents. Il y avait là un Yougoslave parlant à peine français, qui venait de conduire son fils. Il se trouvait seul, en plein désespoir. Nous l'avons reconduit vers un métro en lui indiquant le chemin qu'il devait suivre pour aller chez des parents à l'autre bout de la région parisienne.

La surveillante pendant ce temps bavardait et comme elle savait que j'étais médecin, elle a cru bon d'ouvrir son cœur sur ses difficultés avec les enfants étrangers. Ce qui la souciait surtout, c'était le retour des corps des enfants morts !

Je n'ai pas beaucoup cherché à la revoir.

Pendant tout le séjour de Leïla dans la salle des greffes, Marie venait pendant la semaine et moi le week end, quand je n'étais pas de garde. L'auto était garée dans un parking aux portes de la ville et nous circulions en métro.

Mes sœurs Geneviève Monique et Chantal sont venues rendre visite à Leïla. Aide discrète, aimante, et sans imposition.

Et puis un jour ce fut la sortie. Avant, il y a eu à nouveau de nombreux examens de contrôle, et une consultation avec le docteur O. H., le second de Jean Lemerle, qui avait suivi Leïla pendant son séjour.

Quand je suis entré dans la salle de consultation, mon cœur s'est glacé d'effroi. Sur le négatoscope il y avait la radiographie du thorax d'un enfant dont le nom était inscrit au bas de l'image : Leïla Fodil. On y voyait bien un épanchement pleural du côté gauche. Leïla n'était pas guérie par la greffe, la maladie avait profité de l'aplasie de la moelle pour repartir de plus belle. Cette fois-ci l'évolution serait sans retour.

Pourtant le confrère m'assurait : « Les examens sont bons, Leïla est en rémission, tout va bien. Revenez dans quelques semaines. » Alors, je lui dis, en tendant un doigt sur la radio :

« Et çà ? » Un silence lourd a suivi.

« Tu as raison, tu as bien vu. Il n'y a plus rien à faire. Bon retour à Angoulême. Tiens-moi au courant. »

C'était un au revoir.

Leïla était heureuse de sortir. Elle bavardait gentiment, marchait lentement mais pouvait le faire. Nous avons pris la voiture et sommes repartis sans un mot de plus.

Chaque fois que je prends l'autoroute vers chez nous, j'ai un serrement de cœur en passant devant la halte où nous nous sommes arrêtés, car Leïla avait besoin de quelque chose. Jusque là nous étions restés silencieux.

Marie et moi nous sommes regardés. Nos yeux sont devenus humides.

Le plus dur restait à faire : accompagner Leïla vers la mort.

La récidive progressait rapidement. Il a fallu ponctionner le thorax plusieurs fois, donner de la cortisone, essayer quelques chimiothérapies pas trop agressives. Leïla ne souffrait pas.

Elle n'est pas retournée à l'école. Elle bavardait souvent avec Marie et la même question revenait sans cesse :

« Marie, est-ce que j'ai une maman ?

Oui, bien sûr.

Es-tu ma maman ?

Mais non tu le sais. Ta maman est à Saïda.

Mais qui est ma maman ? »

Un grand silence suivait :

Est-ce que c'est Nadia, ou bien Kheïra, ou bien Ninette ? »

Marie ne savait pas quoi répondre.

L'état de Leïla empirait. Nous avons décidé de téléphoner à Saïda pour prévenir sa famille. Je tenais le téléphone. Senouci écoutait mon information : il n'y a plus rien à faire, l'évolution sera fatale dans quelques jours. Il faut venir rapidement.

C'est alors que dans l'écouteur m'est revenu un hurlement déchirant que j'entends encore :

« Mais docteur, c'est ma fille ! »

Tout alors a changé. Nous commencions à comprendre.

La vieille femme sur la photo, qui nous avait été présentée comme sa mère était sa grand-mère.

Son père qui nous avait été présenté comme mort récemment d'un cancer de l'estomac était son grand- père.

Senouci était son vrai père.

Il serait temps de connaître plus tard la vérité.

Ces derniers jours furent à la fois d'une tristesse extrême et merveilleusement calmes.

À l'annonce du désastre annoncé, maman est accourue, comme elle l'a toujours fait en cas de coup dur.

Marie veillait Leïla le jour. Je couchais dans sa chambre pendant la nuit, souvent réveillé par une petite voix :

« Raconte-moi une histoire. »

Je tentais de varier les histoires que j'avais inventées pour elle. C'était toujours « Le petit crocodile qui mangeait des mouches » qui avait sa préférence. Marie aussi lui racontait toujours cette histoire. Elle n'en voulait pas d'autre.

Après l'histoire et souvent pendant que je parlais, elle se rendormait.

La dernière nuit, elle était très fébrile, elle m'a demandé de lui raconter encore une histoire. Elle s'est glissée de son lit dans le mien. Nous étions serrés l'un contre l'autre, son corps bouillant et son cœur battant à toute vitesse. Combien de temps cela a-t-il duré ? L'histoire était terminée depuis longtemps.

Je croyais qu'elle s'était rendormie, je tombais de sommeil moi aussi. Tout doucement j'ai tenté de la remettre dans son lit. Elle ne dormait pas et elle s'y est glissé toute seule, sans un mot.

Un dernier regard.

Après il n'y a plus eu une seule parole ni aucun signe de conscience jusqu'à sa mort vers 14 heures.

C'était aussi le jour anniversaire de la mort de papa. Quand nous nous sommes serrés maman et moi en pleurs, elle pleurait son mari. Je pleurais Leïla. J'avais oublié mon père.

Senouci a pu venir rapidement. Malheureusement, quand je suis allé le chercher à la gare, Leïla venait de mourir dans nos bras.

Frère Jean Pierre, curé de la paroisse de Saint Cybard est venu. Le père Toulisse aussi. Nous avons prié. Ils ont dit des mots du cœur, remplis de foi en Jésus ressuscité.

Senouci était là à côté, silencieux.

Enveloppée dans un de nos plus beaux draps, Leïla est sortie de la maison, dans son cercueil porté par Marie, André, Isabelle et moi.

L'auto l'a emportée.

La porte verte était grande ouverte. Sur le trottoir de l'autre côté, il y avait un homme qui regardait. Ce n'était pas un des habitants de la rue. Assez grand, son visage marquait une grande tristesse. Ses habits étaient ceux d'un pauvre, un clochard.

Quand l'auto a tourné le coin de la rue, il avait disparu.

L'ALGÉRIE QUE J'AIME

André à Saïda et à Tient

Senouci repartait le lendemain du départ du corps de Leila. Je devais le mettre au train du matin.

Comme nous prenions ensemble le petit-déjeuner dans la cuisine, il me dit soudain : « C'est bientôt les vacances de Pâques. Dis à André que je l'invite à venir les passer à Saïda. Je lui montrerai la ville, nous irons prier sur la tombe de Leïla. Il connaîtra ma famille, mes amis. »

Puis il est parti.

Je rentrais à la maison, et me servais un café, quand André descendit pour manger avant son départ au collège.

J'étais songeur. Il me demanda pourquoi.

Je lui dis alors que Senouci l'invitait à venir à Saïda pendant les vacances de Pâques. Il n'eut aucune hésitation. Il était très ému et me demanda si je voulais bien.

Bien sûr, ai-je répondu. Il faudra en parler à maman.

Marie n'a pas hésité.

Il est parti tout seul, en train jusqu'à Paris, où ma sœur Marie Claire l'a aidé à aller à Orly prendre l'avion pour Oran.

Il a été reçu par Senouci. Il avait 14 ans.

Un jour, Senouci lui a dit : « Allons à Tient, le village où ton père a passé une partie de son service militaire. »

Ils sont partis en voiture. La maison d'Ahmed Hanifi est tout en haut de l'ancien village. Après elle, c'est la montagne. Là on leur a dit : il est dans son champ encore un peu au-dessus.

On l'apercevait penché sur sa terre. « Attends-moi ici, a dit Senouci. »

Il est monté vers Hanifi et s'est assis devant lui. Ils ont parlé un moment ensemble, puis André a vu Ahmed se lever d'un bond et accourir vers lui.

Tu es le fils du toubib de Tient !

Il le serrait dans ses bras. Il l'a emmené dans sa mechta et là, ils ont bu le thé et bavardé un grand moment.

André racontait la vie de la famille.

Ahmed parlait de la vie pendant la guerre.

Senouci écoutait.

André a promis que nous viendrions, Marie et moi pendant l'été.

Tient

Les débuts de mon service militaire

1er Juillet 1959

Après la nomination à l'Internat des Hôpitaux de Paris, il était d'usage de faire aussitôt le service militaire. Ce devait être long, c'était pendant la guerre d'Algérie. La plupart d'entre nous ne souhaitaient qu'une chose : ne pas y aller.

Beaucoup étaient déjà mariés et pères de famille. Les autres n'avaient aucune opinion sur cette guerre, mais ne voulaient pas y être mêlés.

Mon avis était différent.

J'avais fait une grande partie de mes études de médecine pendant la guerre d'Indochine. J'en suivais le déroulement, sans d'ailleurs avoir cherché à connaître plus profondément l'histoire de la période coloniale. J'avais entendu les amis de mes parents parler de l'Indochine d'avant la guerre comme d'un pays calme, où l'on faisait des affaires, et par ailleurs merveilleusement beau.

Quelques amis qui s'étaient engagés étaient morts là-bas, en particulier un chef scout, auquel j'étais très attaché, qui avait commencé un noviciat de Dominicains et était brusquement parti. Il avait été tué à Nam Dinh.

L'idée dominante était que combattre le Viet Minh, c'était lutter contre l'expansion du communisme dans le monde. Je ne savais pas et personne non plus que jamais un combat n'avait pu réduire cette idéologie.

Dans cette guerre d'Indochine, les jeunes du contingent n'étaient pas appelés. Il n'y avait que des engagés, et des supplétifs d'Indochine, du Cambodge, du Laos, d'Afrique du Nord, d'Afrique noire, et des Légionnaires.

Mais je me sentais solidaire.

Mon information sur l'histoire de l'Algérie était très superficielle. Je n'avais pas fait ce que je conseille toujours à mes enfants, l'analyse de la bibliographie.

Tout à mes études et à la préparation des concours de l'Externat puis de l'Internat, je ne lisais pas grand-chose de sérieux, pas le journal, à peine les périodiques reçus par mes parents à la maison, dont les titres étaient très orthodoxes. Quant à la radio, elle servait surtout de bruit de fond avec France Musique, pour éviter de m'endormir.

J'admirais un certain nombre d'amis qui avaient des opinions tranchées : colonialisme, socialisme, décolonisation, Ho Chi Minh. À vrai dire je sentais que leur information n'était pas plus exhaustive que la mienne. Seul différait le milieu de vie de leurs parents.

Je sentais que cette guerre d'Algérie dénommée officiellement « Les évènements d'Algérie », que certains nommaient déjà guerre d'indépendance , était un évènement fondamental de notre histoire actuelle.

Elle poursuivait le début de la décolonisation commencée dans le sang en Indochine.

L'Algérie était composée de départements français. Dans ce conflit, les jeunes du contingent ont été envoyés là-bas sur l'ordre de François Mitterrand, alors ministre de l'intérieur. Je pensais qu'il n'y avait aucune raison de ne pas faire comme tous les autres qui n'avaient, de plus, pas le choix.

Les avis étaient tellement contradictoires, que je devais aller voir, pour me faire une idée personnelle.

Mon père avait prévu ce service militaire. Il ne connaissait pas mon intention. Son entreprise fabriquait dans l'usine de Levallois des batteries de sous-marins ; elle était très liée à la Marine Nationale.

Il a pu obtenir que je sois incorporé dans cette arme.

Mon ordre d'incorporation en poche, je suis arrivé à Bordeaux. Nous étions une trentaine de jeunes. Pas question de traîner en ville. Un camion nous attendait. Fatigués par une nuit de train, nous nous sommes laissés emmener, bien contents qu'on soit venu nous chercher.

Nous allions à Hourtin, dans les Landes, au bord de la mer, pour « faire les classes ».

Le service militaire commençait toujours par quelques semaines au cours desquelles on était censé apprendre l'essentiel de la discipline militaire. J'étais incorporé comme matelot ; avec l'uniforme, le bonnet à pompon, le sac dans lequel j'ai appris à plier tous mes vêtements au carré, 23 cm X 23 cm, etc.

Nous étions quatre internes des hôpitaux de Paris nouvellement nommés, dans le même cas, tous pistonnés.

On ne nous a pas fait monter la garde, ni courir le parcours du combattant. Comme il manquait des médecins pour examiner les jeunes incorporés, cette tâche nous a été confiée. Le matin, nous examinions tous ces jeunes : interrogatoire, taille, poids, auscultation, radioscopie. L'après midi, ils allaient faire des exercices ; nous pouvions aller à la plage, soit sur le bord de l'étang d'Hourtin, soit au bord de la mer, en prenant soin de nous baigner seulement si la mer était calme, car l'endroit est très dangereux.

Après ces classes, nous devions suivre les cours de l'école d'officiers de réserve. La sortie de cette école était un concours, et l'on choisissait son affectation en fonction du rang.

J'en avais assez des concours.

J'ai terminé mes classes en demandant mon affectation en Algérie, au grand étonnement de mes collègues. Je serais fusilier marin. Mais le score de mes aptitudes physiques n'était pas suffisamment bon. Je n'étais ni sportif, ni gras, ni bien musclé. J'ai apporté quelques modifications à ma fiche qu'il m'a été facile d'obtenir. Mon score est alors devenu correct.

Mon père a accueilli cette décision avec déception. Il s'était donné beaucoup de mal pour que je ne participe pas à ce conflit. Voilà que je faisais le contraire. Je vous rappelle que c'était bien avant mai 1968, que j'avais 26 ans et que je croyais ma crise d'adolescence derrière moi.

Ma grand-mère, « bonne maman », à qui j'annonçais mon départ, m'a écouté avec une grande attention. Puis elle m'a raconté son voyage en Algérie à la fin du XIX° siècle ou au début du XX°, avec son père. Celui-ci voyageait beaucoup, surtout pour son plaisir personnel. Il se faisait accompagner de sa fille. Ils sont allés ainsi dans de très nombreux pays d'Europe, et aussi en Turquie, en Algérie. Là, les déplacements se faisaient en train ou en voiture à cheval. Chaque soir, ils logeaient à l'hôtel. Dans la chambre de bonne maman, il y avait tous les jours un bouquet de fleurs commandé spécialement par son père.

Elle m'a décrit Alger la blanche, Constantine et ses remparts naturels, le grand fossé du Rummel.

Et, pour Blida, elle m'a dit : « Si tu vas à Blida, n'oublie pas de profiter des roses magnifiques de cette ville. Ecris-moi pour me dire si elles sont toujours aussi belles et odorantes. »

J'ai raté mon départ. Nous étions à Marines, la maison de campagne familiale. On a fait la photo en uniforme de marin sur le perron de la maison.

Papa a décidé de m'emmener à la gare d'Austerlitz pour joindre Toulon. Mais nous sommes tombés dans les épouvantables embouteillages de Paris. Le retard a commencé, avec l'énervement que cela comportait. Papa a dû me débarquer avec mon sac devant la gare avant de ranger la voiture.

Monté dans mon wagon, juste avant le départ, je tendais la tête au-dehors pour le voir arriver. Je ne l'ai aperçu que de loin, me cherchant lui aussi, tandis que le train partait. Il ne m'a pas aperçu, ni mes gestes d'au revoir par la fenêtre ouverte.

Je n'étais pas le seul dans les émotions de la séparation. Dans mon compartiment, un autre appelé embrassait éperdument son aimée. Elle est descendue ; le train est parti. Une demi-heure plus tard, je le retrouvais dans le couloir, accroché au cou d'une jeune femme qui n'était bien sûr pas la même que la précédente.

Histoire brève de la guerre d'Algérie

Pour certains d'entre vous qui êtes trop jeunes pour avoir connu la guerre d'Algérie, je crois bon de rappeler quelques dates et quelques événements de cette période de notre histoire.

Les années de l'après guerre 1940-1945 ont été marquées par l'acquisition de l'indépendance de la plupart des colonies françaises, anglaises et néerlandaises.

Les peuples de ces pays, soutenus par leur désir propre et stimulés par les déclarations des présidents américains au moment de la conclusion de la deuxième guerre mondiale, souvent aidés par les pays de l'Est, URSS en particulier, avec son idéologie marxiste-léniniste, ont réclamé leur indépendance. Cela ne s'est jamais passé calmement.

Trois exemples :

L'Inde dont l'Angleterre s'est retirée sans combattre en 1947, s'est déchirée aussitôt après provoquant plusieurs millions de morts dans des massacres interconfessionnels horribles.

La France n'a pas voulu ni su gérer le désir d'indépendance de ses colonies.

En Indochine, Ho Chi Minh, marxiste-léniniste convaincu et soutenu par l'URSS et la Chine, a entraîné son pays dans un long combat avec la France, terminé par la défaite française de Dien Bien Phu en 1954. À cette occasion, les agents politico-administratifs du Viêt Minh ont endoctriné soigneusement les prisonniers militaires supplétifs des colonies françaises qui participaient aux combats, en particulier les Algériens. Beaucoup sont rentrés dans leur pays et ont été des agents de la rébellion qui a suivi.

Au Cameroun, le temps de l'indépendance s'est aussi déroulé dans le sang.

Après la défaite de l'Indochine, ce sera la guerre d'Algérie.

Le ressentiment des populations locales existait depuis la conquête. Beaucoup d'Algériens avaient été spoliés de leurs terres, leurs richesses avaient été confisquées. Mais surtout, la promesse de l'égalité des droits des populations n'a pas été tenue. Les Algériens étaient traités comme des serviteurs et des personnes de moindre dignité.

Les élections des chambres de représentants ont été organisées de façon injuste au détriment des populations locales. Elles ont donné des résultats inégaux entre Pieds noirs et Algériens. La formation de cadres dirigeants d'origine locale a été volontairement négligée. Il était très difficile à un jeune Algérien d'accéder à un poste de responsabilité.

Au total, l'Algérie française avec ses départements intégrés n'était qu'un mensonge.

Les troubles ont toujours existé, mais ils se sont renforcés à partir de 1945. La participation de soldats algériens à la guerre et ainsi à la victoire, leur donnait l'espoir que l'ordre colonial pourrait être renversé.Les Européens habitant en Algérie prenaient peur de ces idées d'indépendance.

Le 8 mai 1945 marque le véritable début de la guerre d'Algérie. Ce jour-là, on célébrait en métropole la victoire de la guerre contre l'Allemagne, jour de liesse et de réjouissances.

Le Nord Constantinois, délimité par les villes de Bougie, Sétif, Bône et Souk-Ahras a aussi fêté la victoire des alliés.

Les organisateurs des partis politiques locaux avaient donné deux consignes : rappeler à la France les revendications nationalistes, et le faire par des manifestations pacifiques. Mais à Sétif une manifestation a tourné au drame quand les policiers ont voulu saisir le drapeau du Parti Populaire Algérien brandi par les manifestants. Ce drapeau est devenu depuis le drapeau algérien. L'armée a tiré. Il y a eu des milliers de morts algériens et des centaines de morts européens, car les troubles se sont étendus à toute la région.

Vengeances contre vengeances, exécutions collectives, enterrement des morts dans des charniers, incinérations dans les fours à chaux pour masquer l'importance de la tuerie.

Dès lors, malgré le retour au calme, le mal était fait. L'enchaînement de la violence était déclenché.

Pendant les années qui ont suivi, les gouvernements successifs de la France n'ont pas tenu compte des revendications légitimes de respect et d'autonomie demandées. Les grands propriétaires terriens s'y sont opposés de toutes leurs forces et ont usé de leur influence.

Neuf ans plus tard, le 1 novembre 1954 marque le début historique de l'insurrection en Algérie.

Le parti indépendantiste FLN (Front de Libération National) a commencé la lutte armée par le massacre de deux jeunes instituteurs français qui allaient prendre leur poste dans un village de Kabylie. Le même jour, d'autres attentats ont accompagné cet acte terrible, car il est le premier d'une série dont l'horreur marquera toute la guerre.

Le gouvernement socialiste français a envoyé des renforts militaires, puis François Mitterrand, alors ministre de l'intérieur, a engagé les jeunes appelés du contingent dans le combat. Ils n'y étaient pas préparés.

C'est dans toute l'Algérie qu'on s'est battu, qu'on s'est entretué. La bataille d'Alger, pendant laquelle le gouvernement français a ordonné la recherche du succès « par tous les moyens », ouvrant la voie à la torture, a marqué l'action de l'armée française, qui a agi sur ordre, d'un opprobre général.

Certains français ont aidé le mouvement de rébellion. Transmettant des messages et des armes, on les a appelés « les porteurs de valises. »

L'armée française a progressivement pris le dessus. En 1961, il n'y avait plus sur le territoire de l'Algérie que quelques groupes ou individualités rebelles tentant de survivre. Mais aux yeux des autres pays du monde, la France avait perdu.

En 1958, le gouvernement français de Pierre Pflimlin souhaitait mettre fin aux combats par la négociation avec le FLN. Les Pieds noirs d'Algérie s'y sont opposés violemment.

Le 13 mai, la population d'Alger s'est soulevée pour que l'Algérie reste française.

Les troubles atteignant la France, le président de la République a appelé au secours le général de Gaulle qui a pris le pouvoir.

Il y a eu beaucoup de plans de combats. Certains ont été durs. Les exactions continuaient des deux côtés comme dans toute guerre subversive.

Sous l'influence de Germaine Tillon, une tentative de « pacification » a été engagée dès 1956. Elle se traduisait par la construction d'écoles, de dispensaires, de constructions destinées à améliorer les conditions de vie des habitants. Il y avait tellement à faire dans ce domaine !

C'était un réveil bien tardif.

Le 8 janvier 1961, le général de Gaulle organisait un référendum en France et en Algérie sur la question de l'autodétermination de l'Algérie. Dans la métropole, 75,26 % des français ont voté « oui », se déclarant en faveur de la création d'une république algérienne. En Algérie, 70 % des algériens ont dit « oui » à l'autodétermination. Mais l'Algérie française n'était pas encore morte.

Le 21 avril 1961, quatre généraux (Challe, Zeller, Jouhaud et Salan) et quelques colonels prirent le pouvoir à Alger afin de s'opposer à l'émancipation de l'Algérie. Mais ces putschistes ne sont pas parvenus à rallier l'armée d'Algérie.

En réponse à cet échec, les partisans de l'Algérie française ont créé l'OAS (Organisation de l'Armée Secrète) qui a tenté de renverser les décisions du référendum récent par des attentats et des assassinats.

Après des négociations avec le FLN, les accords d'Evian ont été signés et le cessez-le-feu a eu lieu le 18 mars 1962. Les troubles n'ont pas cessé aussitôt. Quelques jours plus tard, le 26 mars, une manifestation à Alger s'est terminée par le massacre de la rue d'Isly.

Le 8 avril, les Français approuvaient les accords d'Evian par référendum (90,7% de oui.)

Le général de Gaulle a déclaré : « Le référendum règle le problème algérien ».

Malheureusement il n'en a rien été.

Malgré les promesses de respect mutuel signées à Evian, la situation sur place des Pieds noirs, des administrateurs français et des coopérants est devenue impossible. Ils ont été victimes de menaces et d'assassinats. Près de deux millions ont du s'enfuir en France. Certains ont pu y refaire leur vie. D'autres sont partis exploiter des terres en Corse. D'autres sont partis en Amérique du Sud. Beaucoup ont sombré dans le désespoir et la misère.

En Algérie, les harkis et un très grand nombre d'Algériens qui avaient coopéré avec la France ont été emprisonnés, accusés de collaboration et tués avec une cruauté parfois inimaginable.

Pour les français qui avaient participé aux efforts de pacification, c'est-à-dire de préparation d'un nouvel état relationnel entre la France et l'Algérie sur la base du respect mutuel, la déception a été grande. Il y a eu des rébellions armées. L'attentat du petit Clamart contre le général de Gaulle en est un exemple. Mais l'OAS a fini par disparaître.

Les souvenirs des égorgements et des assassinats du FLN sont restés, comme la torture, dans la mémoire des 500 000 combattants du contingent.

Les 20 000 soldats français morts ont pesé lourd.

Les Algériens rapatriés en France n'ont pas eu la vie facile. Leur insertion dans la vie française a été très pénible. Les chefs de famille étaient déchus de leur autorité. Sans travail possible, car ils parlaient mal le français et ne connaissaient souvent aucun métier, ils ont végété. Leurs enfants, privés des repères d'une autorité paternelle, n'ont pas trouvé dans notre système éducatif les formations qui auraient pu leur permettre une intégration. Marqués dans leur visage par les traits des habitants de l'Algérie, ils ont été et sont encore souvent victimes du délit de faciès.

En Algérie ils étaient considérés comme des traîtres.

Le FLN qui avait pris le pouvoir a suivi les influences du marxisme léninisme. Il s'en est suivi entre autres la collectivisation des terres et la ruine des exploitations agricoles. La culture de la vigne a cessé. Les oranges algériennes ont disparu du marché.

Le développement de l'industrie, favorisant l'industrie lourde, a été un échec. Les chômeurs se sont multipliés. La pénurie et la semi-misère ou la vraie misère se sont installées.

Vers 1993, l'intégrisme religieux a contaminé la politique. Le refus d'accepter la venue au pouvoir de ces extrémistes a conduit à dix ans d'une guerre interne dont les victimes ont été plus nombreuses que celles de la guerre d'indépendance.

L'évolution actuelle semble se faire vers le calme, mais l'Algérie n'est plus le pays heureux de vivre d'autrefois, où la tolérance, malgré les inégalités, était une habitude de vie.

J'espère que ce résumé de l'histoire de la guerre d'Algérie vous permettra de mieux situer ma présence là-bas et de comprendre les sentiments qui m'ont agité.

Histoire de Ghazaouet
(Nemours)

Tient est une commune proche de Nemours qui s'appelle maintenant Ghazaouet.

Ghazaouet est un port au bord de la mer. Elle se situe dans l'ouest algérien, dans l'Oranais, près de la frontière du Maroc.

Comme c'était la ville proche du poste, je voudrais vous faire connaître au moins son histoire.

Pendant la période romaine, elle s'appelait Ad Fratres (les deux frères) à cause des deux rochers jumeaux qu'on voit dans la mer, à 600 mètres de la côte. Les Algériens l'ont nommée ensuite Djamaâ Ghazaouet, que les Français ont traduit en Mosquée des Pirates, Rassemblement des Pirates ou Nid des Pirates. Il y avait en effet autrefois une grande activité de piraterie en méditerranée. Ghazaouet était harcelée par les corsaires européens et les pirates algériens écumaient les côtes européennes, espagnoles, italiennes et françaises.

Pendant la conquête de l'Algérie, on a donné à la ville le nom de Nemours.

Après sa reddition le 23 décembre 1847, l'émir Abdelkader s'est embarqué de Nemours pour l'exil.

Les tribus qui peuplaient la région étaient des Msirda, des Ouled Sidi Ben Yahia, des Ouled Abd-el Moumen et des Anabra. Ces tribus ont laissé leur nom à des lieux-dits. Les Msirda étaient divisés en deux groupes, les Tahata (ceux d'en bas) qui étaient les Beni Slimane, autour de Souk El-Tlata, et les Fouaga (ceux d'en haut) appelés Debabsa, situés autour de Sababna. Pendant la conquête, ils sont restés fidèles à l'Emir Abdelkader en dépit des massacres. C'est sur leur territoire, que s'est déroulée la bataille de Sidi Brahim menée par Bou Hamidi, en présence de l'Emir.

Les Français, en créant l'administration, ont fixé les populations sur des communes et des villages (douars), en brisant délibérément les structures sociales et les tribus. Les populations se reconnaissaient originaires de telle ou telle, mais il n'y avait plus ni organisation tribale, ni chef, donc pas d'interlocuteurs.

Le port de Ghazaouet occupe l'échancrure d'une falaise, à l'embouchure de l'oued Tesaâ, au pied du plateau de Touent. Sidi Amar est à quelques kilomètres, à l'est du centre de la ville. Les Ouled Ziri sont au sud-ouest. La commune de Tounane est à l'ouest, celle d'El-Bor à l'est et Tient au sud.

Ce petit port s'est étendu pour recevoir les convois de minerai de plomb du Maroc. La tradition de pêche est restée. Il y avait une usine de traitement des sardines.

Une grande rue, parallèle au bord de mer, un peu en retrait. Dans cette rue, une église, transformée maintenant en supermarché, et des petits magasins où je venais acheter les bricoles dont j'avais besoin, en particulier les tissus pour habiller la poupée.

Chaque fois que c'était possible, Jean Lou Prache allait à la messe le dimanche et les jours de fête. Il m'emmenait dans sa jeep. Je me souviens d'une soirée de Noël. Nous descendions à la messe de minuit, et nous portions nos pistolets, comme il se doit. Mais l'aubette de la caserne était fermée. Nous avons pu seulement garer la jeep dans la cour. Il est d'usage que les soldats se désarment avant d'entrer dans un lieu religieux. Là ce n'était pas possible. Alors, nous sommes partis à l'église l'arme au côté.

Dans la procession de communion, il y avait deux officiers de fusiliers marins en armes. Personne n'a rien dit. C'était pour moi une raison supplémentaire de confier au Seigneur le travail de pacification que nous faisions à Tient.

Le poste de commandement de la DBFM était dans la ville à l'écart de la caserne, la prison sur les hauteurs.

La promenade sur la digue était le lieu de rencontres et de bavardages. Un peu en dehors de la ville, une petite plage où, dans la fin de mon séjour, nous venions nous baigner le soir. Un des officiers mariniers qui avait une voiture nous y menait.

Trahison

Cela s'est passé peu de temps avant mon arrivée.

Après avoir égorgé les officiers et le médecin du poste de Tient, il était prévu de monter dans la tour, de neutraliser le matelot qui prenait la garde avec un harki acquis à l'action, et sous la menace de la mitrailleuse de 12,7 mm, de tenir la section et les officiers mariniers. Alors, les harkis révoltés monteraient dans le camion GMC et la jeep et partiraient rejoindre les fellaghas dans le djebel.

Scénario idéal d'une trahison programmée.

Mais cela ne s'est pas passé ainsi.

La veille du jour choisi pour la trahison, les français du poste eurent la surprise de voir passer sur le chemin, sous la tour, une file de bourricots, de femmes et d'enfants avec une quantité incroyable de bagages. Tout ce monde sortait du village harki. Où se rendaient-ils ? Il suffit de le leur demander :

« Nous rentrons dans nos vilages. »

Bien vite, la confirmation d'une action armée de trahison fut avouée, sans aucune menace ni contrainte.

Le responsable, le sergent Kebli, fut arrêté et emprisonné. Toutes les femmes rentrèrent à la harka.

Le putsch de Tient était terminé.

Non, pas encore. Après un bref jugement, le sergent Kebli était condamné à mort. Il fut fusillé dans son village d'origine, Bou Ali. Son père était présent.

Le médecin du poste de Tient ne s'en est pas remis. Depuis ce jour, il dormait avec son pistolet armé sous son oreiller.

On l'a évacué.

C'est à ce moment que j'ai été recruté.

Jean Lou Prache m'a très peu parlé de cette histoire.

Au cours de mes discussions avec les harkis, les habitants de Bou Ali dont le père de Kebli et d'autres, l'affaire m'est apparue sous un jour assez différent. Ce n'est que mon point de vue bien sûr.

Il y avait à la harka de Tient deux sergents arabes : Krouchi Ahmed et Kebli. Ce dernier était certainement le plus éduqué et le plus intelligent. Krouchi Ahmed était le plus fidèle.

Ahmed appartenait à une tribu du côté d'El Koraïche, Kebli à une autre du côté de Bou Ali. La mésentente des deux familles était séculaire. Histoires de terrains, de mariages, d'assassinats qui ne pouvaient pas se pardonner. Mais ce n'était pas connu des français. Ce sont des choses qu'on ne laisse pas paraître. En public on s'embrasse sur la bouche.

Le sergent Kebli a-t-il eu des mots laissant entendre un désaccord avec la direction du poste ? C'est possible. Ils disaient pis que pendre l'un de l'autre.

Qui a créé le complot ? Kebli a été dénoncé aussitôt. Pas par Ahmed, mais par la rumeur publique, la fuite des femmes et des enfants.

La crainte d'une action violente devait être déjouée rapidement. Le jugement et la condamnation ont suivi avec la même rapidité.

Le père Kebli avait deux fils. Le premier avait été assassiné par les fellaghas. Le second serait fusillé par les français. J'ai rencontré plusieurs fois dans son village de Bou Ali cet homme brisé par le malheur. Il parlait longuement. Je ne comprenais pas tout, mais j'ai subodoré la machination.

Il y a eu ailleurs d'autres histoires de ce genre. Cette guerre a servi de prétexte à de nombreux règlements de comptes locaux. On était bien content, à la faveur d'une fraternisation avec les français de pouvoir écraser un adversaire local jusque là invincible.

Et puis, que d'invrfaisemblances !

S'enfuir avec un GMC et une jeep était irréalisable. Le GMC consommait une quantité d'essence prodigieuse. Il faisait un bruit infernal, audible à plusieurs kilomètres à la ronde.

Et aller où ? Il n'y avait pas de base du FLN accessible avec un plein d'essence depuis Tient. Les bases étaient de l'autre côté de la frontière marocaine, protégée par un immense réseau de barbelés de mines et de miradors.

L'affolement des femmes de la harka montrait aussi la folie du projet. Toutes ces données auraient dû faire réfléchir et faire explorer plus à fond. Toujours est-il que cet incident m'a amené à Tient.

Le père Kebli n'avait plus de fils.

Krouchi Ahmed aura une fin atroce.

Au moment de l'indépendance il n'a pas voulu partir avec les autres harkis auxquels la DBFM avait proposé un rapatriement vers la France. Emprisonné par le FLN, il a été torturé, castré et promené attaché nu sur un âne à travers la ville de Nemours.

J'arrive à Tient

À la gare de Toulon, le groupe de marins dont je faisais partie a été emmené en camion au fort Lamalgue où nous devions attendre trois jours un bateau en partance pour Oran.

Nous pensions pouvoir sortir en ville, mais quelle ne fut pas notre déception ! Pour sortir il aurait fallu que nous ayons des cheveux plus courts. Nous nous sommes précipités chez le coiffeur, qui a refusé de nous couper car nous ne faisions pas partie du personnel. Discussions amicales mais vaines. Le personnel c'était les employés permanents. Nous, nous n'étions rien.

Alors on nous a affectés au balayage des feuilles dans la cour. Balais de noisetier. Tâche impossible et éternellement à recommencer. Il y avait du vent. Nous poussions les feuilles dans le sens du vent et elles allaient s'accumuler dans un coin en attendant qu'un renversement du vent ne les fasse aller d'où elles venaient. Quant à balayer contre le vent !….

Embarquement sur un LST. C'est un gros bateau plat utilisé pendant le débarquement de Normandie.

Aller dans les fonds où chacun avait une bannette était l'horreur. Dès la sortie du port, beaucoup étaient malades. La ventilation étant détestable, c'est devenu une puanteur horrible. Les valides sont montés sur le pont. Nous errions, bavardant et tentant d'échapper aux officiers mariniers qui nous faisaient la chasse disant qu'ici il ne fallait pas gêner le passage ni la vue, là il ne fallait pas autre chose. On nous prenait pour des encombrants.

Un groupe de quatre s'est mis à l'ombre derrière un tas de cordages. Nous étions à l'abri du vent, à l'abri du soleil et nous avons commencé à jouer aux cartes. Il s'agissait de m'apprendre la belote.

Je n'y ai jamais joué depuis. Nous étions bien. La mer était assez calme, il faisait beau et nous étions jeunes.

Malheur ! Un autre officier marinier nous a surpris. Il était interdit d'être là. D'autant plus interdit que quelques-uns fumaient.

« Debout, suivez-moi ! »

C'est alors que j'ai appris le principal règlement de la Marine Nationale : Saluer tout ce qui bouge et peindre tout ce qui ne bouge pas. Munis de pots et de pinceaux, on nous a affectés à peindre. Nouvel échec. Tout était gris, la couleur naturelle des bateaux de la Marine bien sûr. Nous avons peint, proprement, sans faire trop de gouttes. Nouvelle visite de l'Officier marinier.

« Comment, vous avez peint ceci et cela ? Il ne le fallait pas. Ce sont des…. Et des …. Je ne ferai rien de vous ! Rendez-moi vos pinceaux et vos pots et allez vous faire foutre. Que je ne vous retrouve pas sur mon chemin. »

J'ai passé le reste de la traversée accoudé à un bastingage, regardant la mer, rêvassant, admirant les tortues qui flottaient entre deux eaux et les dauphins qui sautaient en longeant le bateau. Spectacle éternellement renouvelé.

L'entrée dans le port d'Oran est une merveille. La ville toute blanche offre sa façade maritime aux regards de ceux qui ne la connaissent pas encore.

À Oran, camion pour Arzew, puis train jusqu'à Tlemcen, puis camion jusqu'à Nemours. C'était au mois d'août, il faisait bien chaud dans notre tenue de drap bleu. Nous étions sales, fatigués, un peu déprimés.

Je me demandais ce qu'on allait faire de moi. En effet, j'avais le titre de matelot infirmier. Un galon rouge brodé sur ma manche.

J'ai appris que je serais affecté à la section d'hélicoptères chargée d'aller ramasser les blessés sur les lieux des combats. Je n'avais reçu aucune formation dans ce sens. Le concours de l'Internat ne m'y avait pas préparé. Je craignais de ne pas savoir faire. La responsabilité me paraissait bien plus grande que le danger des lieux de combats.

C'est alors que tout a basculé. Je rencontrai par hasard un pharmacien que j'avais connu je ne sais dans quel hôpital de Paris et dont j'ai oublié le nom. C'était une grande gueule.

« Comment, te voilà ici ? Quel est cet uniforme de matelot ? Tu dois être officier. Ta qualité de médecin doit être reconnue ! »

Il est allé dans son paquetage et en a sorti une casquette d'aspirant. Il me l'a mise sur la tête. Coiffé de ce chapeau, et toujours en tenue de matelot, il m'a emmené dans un bureau, a décliné mes qualités et dit que je ne devais pas être infirmier, mais médecin.

Cela n'a pas duré plus d'une demi-journée. Convoqué, on m'a prié de rassembler mes affaires et de suivre.

« Que dois-je faire de la casquette ? - Emportez la, mais ne la mettez pas encore. »

Une jeep m'a emmené hors de la ville. On ne m'avait pas dit où j'allais. Le chauffeur m'a déposé devant la porte d'une belle maison de Beraoun, poste de commandement du 2° bataillon de la DBFM (Demi brigade de fusiliers marins).

Je devais être attendu, car on m'a prié de m'asseoir au premier étage. J'étais bien. Un vent frais rafraîchissait l'air. Les sièges en rotin étaient confortables.

J'étais dans la maison d'un personnage important, réquisitionnée pour cause de guerre. Porte d'entrée en bois ouvrant sur une ruelle de terre en pente. Porche couvert, donnant sur une cour mauresque entourée d'un balcon en bois ouvragé, sur laquelle ouvraient des portes elles aussi en bois sculpté.

Enfin, je pouvais me délasser. Et puis, il y avait une collection de Tintin et je me suis plongé dans la lecture.

On m'avait dit : vous allez être affecté dans un poste comme médecin pour remplacer celui qui vient de partir. Patientez, on va venir vous chercher.

Je ne lisais que d'un œil, relevant discrètement le regard chaque fois que quelqu'un passait en me demandant : est-ce celui-ci qui vient me chercher ?

Un moment, un officier est passé. Assez grand, lieutenant de vaisseau portant ses deux galons, la casquette sur la tête et la pipe à la bouche. A-t-il remarqué mon regard interrogateur ? Il a en tout cas jeté un oeil vers le matelot qui attendait. Son regard m'a paru interrogateur et amical. Après avoir disparu dans un bureau, il est venu vers moi :

« Je suis l'Enseigne de vaisseau Prache. Êtes-vous Jean Bernard Joly ? Suivez-moi. Nous allons au poste de Tient dont je suis le commandant. »

Il ne disait rien, moi non plus. La jeep qu'il conduisait est descendue vers Nemours en suivant les virages un peu vertigineux donnant sur la mer. Elle a traversé la ville, banale, et remonté l'oued Ghazouana. Il me signala le tombeau des braves, monument aux soldats français du 8e bataillon de chasseurs à pied et du deuxième escadron du 2e régiment de hussards qui avaient combattu contre les troupes d' Abd-El-Kader du 22 au 25 septembre 1845. Il y avait eu seulement 7 survivants.

La route devenait chemin de montagne, tournait sans cesse et aboutit à un plateau, le plateau de Tient. C'était plat, bordé de vignes et d'oliviers. À droite, on devinait le ravin de l'oued. À gauche, au loin, les monts du Filahoucène étaient un peu ombrés de brume. Je me sentais bien.

Nous sommes arrivés au poste. Le Capitaine d'armes saluait. J'ai débarrassé mon paquetage. Le commandant m'a indiqué ma chambre. Je me suis lavé et on a déjeuné dans le carré des officiers. Il y avait Jean Lou Prache, Enseigne de Vaisseau de première classe, commandant du poste, Youri Troubnikoff, Enseigne de Vaisseau de deuxième classe de réserve son second et moi. Nous étions servis à table.

Voici comment a commencé mon séjour dans ce poste auquel j'allais m'attacher pendant presque deux ans.

J'avais comme titre :

Matelot infirmier Jean Bernard Joly faisant fonction de médecin aspirant. Je portais les galons pleins de médecin de 3° classe, car il n'y en avait pas d'autres, et la casquette du pharmacien de Nemours.

J'étais le médecin chef du poste de Tient.

Le poste de Tient

Le poste militaire de Tient avait été construit par le prédécesseur de Jean Lou Prache.

Une sorte de triangle bordé de murs en béton de plus de deux mètres de haut, la pointe vers le sud, vers le plateau et s'étendant en pente douce au nord vers le vallon dans lequel le village de Tient est perché sur une sorte de petite butte.

De l'intérieur du poste, on pouvait surveiller, pour moi admirer, ce village groupé autour de la mosquée et entouré de jardins. On voyait bien les gens aller et venir, selon les heures du jour. Corvée d'eau vers la fontaine, visites des uns chez les autres, travaux dans lesjardins.

Un chemin partant du poste menait au village. En fait, il y avait deux chemins. Le premier descendait tout droit à travers des champs d'amandiers. Il pénétrait dans la zone des jardins. Même l'été, quand l'air était surchauffé, c'était une sorte de paradis de légumes et de fruits. Une source alimentait des séguia, construites depuis des siècles, simples levées de terre, serpentant en utilisant au mieux les pentes. Çà et là, un petit pont fait d'une pierre. Une pierre plate jointoyée de boue argileuse, permettait l'ouverture ou la fermeture vers chaque jardin. Sa manœuvre était soumise à des règles communautaires que chacun respectait soigneusement. Je n'ai jamais entendu de querelle à ce sujet. Le propriétaire du jardin venait ouvrir et fermer à l'heure convenue. C'était l'occasion de rencontres et de bavardages sans fin. Chaque jardin était cultivé au centimètre carré près. Certains n'étaient composés que d'arbres fruitiers. D'autres produisaient des carottes, des tomates, et autres légumes.

Au printemps, les grenadiers en fleurs mêlaient les taches rouge sang au vert profond des feuilles sur fond de ciel bleu. On apercevait le village et le minaret de sa mosquée à travers la verdure. J'aimais bien traverser ces jardins qui menaient droit à la fontaine et aux bains publics. De là on était surplombé par le mur de la mosquée. Au pied de ce mur il y avait toujours quelques vieux entrain de bavarder assis par terre, le dos appuyé au mur. Eux aussi avaient une excellente vue sur le poste, dont ils pouvaient voir la quasi-totalité de la cour. Ils savaient qui sortait et quand était le retour. Etaient-ils là par hasard ?

L'autre chemin n'était au début qu'un sentier. Il contournait la pente descendait vers le village, tournait au fond du vallon, repassait sous le poste et aboutissait lui aussi à la fontaine. Il était parcouru presque toute la journée par les ânes des harkis venant chercher de l'eau ou bien par les femmes portant l'eau sur leurs épaules dans des jarres de terre.

Presque en bas, il y avait le marabout de Sidi Mohamed el Guendouz. J'en raconterai l'histoire.

Plus tard, ce chemin a été élargi pour permettre le passage d'un camion.

Le poste était alimenté en eau par un camion qui remplissait deux grandes citernes, l'une en haut derrière le logement des officiers, l'autre en bas du côté des officiers mariniers et des matelots.

Les harkis, logés en dehors du poste, dans un village à eux, n'avaient pas de point d'eau sur place.

Le sol du poste était couvert de graviers. Il n'y avait pas de boue pendant les pluies. Le craquement des pas annonçait les déplacements, soit pour venir voir le commandant, soit pour la relève de la tour.

Car il y avait une vraie tour. Elle était construite en moëllons épais, à la pointe du triangle du poste, vers le sud, avec une porte basse, une réserve pour les munitions, un escalier menait au poste de guet. De là-haut, on voyait encore mieux le village et on pouvait observer le plateau sur une étendue de plusieurs kilomètres. Une grosse mitrailleuse de 12,7 mm sur son socle menaçait l'étendue du plateau dans toutes les directions.

La garde en haut de la tour était partagée entre les matelots et les harkis.

Le mât des couleurs se dressait dans un angle. Le drapeau n'était jamais descendu le soir. Jean Lou Prache avait décidé que le poste était comme un vaisseau à la mer. Dans ces cas, on ne descend pas les couleurs tant que la mission n'est pas terminée.

Les officiers logeaient dans la partie haute, la plus proche de la tour. D'un côté, vers l'ouest, ma chambre accolée à l'infirmerie dont la porte donnait sur la cour. Au début, on ne pouvait pas y entrer sans passer devant le carré des officiers, ce qui était peu discret. J'avais une chambre pour moi tout seul, avec une fenêtre et une porte sur la cour. Une armoire, une table et une chaise. Mon lit et le ménage étaient faits tous les matins par le matelot affecté aux officiers. De l'autre côté de la cour, en face, le carré et les chambres du commandant et de son second : Jean Lou Prache et Youri Troubnikoff, puis François Paul et enfin François Filachou.

Une véranda recouverte de nattes prolongeait le carré. Un canis protégeait les regards à hauteur d'homme mais permettait de recevoir sans s'introduire dans le carré. Le carré, avec sa cheminée, des meubles confortables et simples était le lieu où nous nous tenions. Je n'aimais pas lire seul dans ma chambre.

Au niveau du logement des officiers, la largeur du poste était d'une dizaine de mètres. Cela permettait de réserver un petit jardin au sol en terre, dans lequel j'ai fait aménager avec des tôles un abri pour les tortues que les enfants m'apportaient pour me faire plaisir. Il y en avait une vingtaine, nourries par les épluchures de la cuisine. Aux saisons, on entendait les mâles frapper la coquille des femelles pour se ménager leurs faveurs. Certaines ont pondu des œufs mous, un peu translucides. Je n'ai malheureusement jamais vu de petits.

Au dessous de nos logements, les douches pour les officiers. C'était froid l'hiver !

Après, une cour, pas assez grande pour jouer au ballon, mais suffisante pour ne pas se sentir étouffé.

L'entrée du poste était masquée par un mur de béton disposé en biais, empêchant du dehors la vue de l'intérieur.

Le capitaine d'armes avait son bureau à gauche en entrant. Le maître Floch était grand, calme, avec des cheveux blancs. Il était chargé de toute la gestion : mouvements du camion vers la ville, ravitaillement. Il était considéré par tous, non pas comme le gestionnaire, mais comme un père. Il savait admirablement régler les nombreux petits problèmes relationnels, ne faisant remonter vers le commandant que ce qu'il ne pouvait ou ne devait pas gérer, en général pour lui demander une décision ou une sanction qu'il avait déjà imaginée et que Jean Lou Prache approuvait toujours. C'est grâce à lui que j'ai pu obtenir d'ouvrir une porte dans le mur d'enceinte pour entrer directement dans l'infirmerie.

Les matelots étaient logés dans des dortoirs le long du mur ouest.

Le poste des officiers mariniers barrait la cour. Ils l'arrangeaient à leur guise. Il n'était pas d'usage que les officiers y pénètrent de même qu'eux ne venaient jamais chez nous.

Encore au dessous, les douches et les réserves. Les douches étaient munies d'une chaudière, où le capitaine d'armes faisait chauffer de l'eau une fois par mois pour tout le monde : officiers, officiers mariniers, matelots et harkis. C'était le seul moment où la soixantaine d'habitants du poste étaient fraternellement mêlés.

Les harkis étaient logés en dehors du poste, à l'est. C'était un gros village, abritant une trentaine de familles. Chaque maison séparée de la voisine. Une chambre, une cuisine une cour. Les enfants, les bêtes. Un vrai village algérien.

Les harkis

Il y avait à Tient une harka composée de 30 harkis et de leur famille.

Qui étaient ces gens, pourquoi combattaient-ils avec les Français contre des Algériens ?

On rassemble maintenant sous l'appellation de Harki tous les Algériens qui ont contribué d'une façon ou d'une autre à la guerre d'Algérie. Mais il y en avait de toutes sortes.

Il y avait les combattants, harkis proprement dits qui faisaient partie d'une « harka », ce qui veut dire mouvement, et les commandos. Ils étaient recrutés par contrat. Ils étaient environ 70 000 à la fin de la guerre d'Algérie.

Il y avait les moghazni, qui assuraient la protection des SAS, (Sections Administratives Spéciales). Les SAS exerçaient, sous le commandement d'un lieutenant ou d'un capitaine, des fonctions administratives et sociales. Il y en avait environ 800 avec 20 000 Moghazni.

Les groupes mobiles de sécurité (GMS). Leur mission était de protéger les populations dans une zone territorialement définie. Ils étaient environ 10 000.

Les groupes d'autodéfense (GAD), habitants de villages menacés, avaient pour mission d'assurer la défense de leur douar, de leurs familles et de leurs biens. Ils étaient environ 60 000.

Les Algériens se sont engagés avec l'armée française pour des motifs divers.

Certains étaient des anciens combattants de la guerre de 1940-1945. Ils avaient combattu en Italie, en France, en Allemagne.

D'autres étaient des anciens combattants d'Indochine qui n'avaient pas été séduits par l'endoctrinement du Viêt Minh.

La plupart se sont engagés pour se défendre des menaces des terroristes. Ils ont été formés à la guerre subversive.

Certains se sont engagés pour toucher une solde permettant de faire vivre leur famille.

Il y avait aussi des rebelles enrôlés dans l'ALN (Armée de Libération Nationale), ralliés ou déçus de la rébellion.

Il y a eu aussi des raisons d'engagement de notre côté moins nobles. Les rivalités de clans et de villages ont trouvé dans les troubles de la guerre un motif pour le règlement de comptes de vieilles haines entre familles.

Les fonctionnaires ont choisi de continuer d'exercer leurs fonctions malgré les menaces.

Beaucoup enfin pensaient que la présence de la France était nécessaire pour assurer le développement du pays et continuerait après la fin des combats.

À la fin de la guerre, environ 150 000 algériens, harkis abandonnés par l'armée française qui n'a pas voulu les protéger, moghaznis, SAS, anciens combattants des guerres de 1914 et 1945, fonctionnaires, ont été massacrés.

Les harkis de la DBFM ont été rapatriés en France et hébergés dans des camps.

Une manifestation pour obtenir la pluie.

Il y avait ce matin une grande agitation autour du marabout de Sidi Mohamed el Guendouz. Depuis le poste, on voyait bien une foule tournant autour de l'édifice, brandissant des drapeaux verts en chantant et en criant. Je suis descendu voir.

Une foule d'enfants tournait autour du marabout en riant. Certains s'arrêtaient devant une des petites fenêtres, mettaient leurs mains en porte-voix et criait dans le bâtiment.

Je me suis fait expliquer.

La pluie tardait à venir. Les récoltes déjà élevées risquaient de sécher sur place. Le marabout devait intervenir. Les cris allaient le réveiller. S'il voulait retrouver le calme, il lui fallait faire tomber la pluie. Voilà la raison de tant de tapage.

Je suis remonté et ai raconté cela au commandant. La manifestation n'a pas duré et le calme est revenu.

Mais en haut lieu ce n'était pas pareil. Beraoun, où se trouvait le poste de commandement du 2° bataillon, n'est pas loin de Tient. Les cris y avaient été entendus. On avait envoyé un observateur discret qui avait rapporté que des personnes manifestaient avec des drapeaux verts. Vert, Islam, indépendance ! Le tout en vue du poste de Tient ! L'alerte était donnée. Téléphone au poste. Mettez-vous en alerte pour une grande opération ….à Tient !

Heureusement, le commandant avait été avisé. Mais il a eu de grandes difficultés à persuader l'officier opérations que ce n'était qu'une manifestation de gamins pour demander la pluie.

Bien sûr, il n'y a pas eu d'opération.

Pendant que les jeunes manifestaient, les femmes préparaient la « fête de la pluie ». Mais comme elles étaient occupées à faire cuire de grandes marmites de couscous, elles n'ont pas vu ce que les cris des enfants avaient déclenché.

Madame Tlemçani, la mère d'Amar, dirigeait une équipe de cuisinières.

A midi, tous se sont assis et nous avons festoyé.

Les marabouts de Tient

En Afrique du Nord, un marabout est un saint musulman local. C'est aussi l'édifice qans lequel reposent ses restes. C'est un lieu de respect, de vénération et de prière. Le plus souvent de forme carrée, il peut être surmnté d'une coupole.

Puisque je viens de parler du marabout de Sidi Mohamed el Guendouz en voici une description plus détaillée.

À Tient, il y a deux marabouts. Deux taches blanches dans l'ocre des rochers et des maisons, sous le ciel bleu.

Le plus petit est celui de Sidi el Bachir. Il a une seule coupole, il est situé au dessus du village, dans une sorte de village annexe, où habitent les Benamari. Cette famille est une famille noble. Benamari Abdelkader et Benamari Mahé, étaient des personnages dignes, dont je ne connais pas les détails familiaux, tous deux membres de la harka. Avaient-ils eu le choix ? Certainement pas. Mais ils s'y tenaient avec courage et honnêteté.

Ils avaient le grand malheur, comme beaucoup de familles consanguines, d'avoir une hérédité de myopathie. Je suis venu plusieurs fois rendre visite à deux grands enfants, paralysés et tordus sur leur matelas, sans pouvoir donner quelque conseil utile que ce soit. Ma gêne a dû être sentie. Je n'osais pas dire qu'il n'y avait rien à faire. Eux l'avaient bien compris.

Le petit marabout leur appartenait.

Le plus grand marabout est dédié à Sidi Mohamed el Guendouz. C'est un magnifique édifice. Il est situé au bas de la colline de Tient, à gauche de la route qui mène au village, sur une esplanade herbue. Il a la particularité d'avoir cinq coupoles, une grande au milieu et une petite aux quatre angles du bâtiment carré, ce qui lui donne une certaine majesté. Il est toujours peint de frais en blanc. Il est connu dans toute la région.

Sidi Mohamed el Guendouz est un saint local. Dans les histoires le concernant, certains éléments se mêlent à celle d'Abdelkader.

Saint homme, il habitait dans un village à quelques kilomètres au Sud de Tient, dans la vallée de l'oued Ghazouana. Il accueillait ceux qui venaient le voir pour lui transmettre leurs petites difficultés de vie. Son conseil était réputé autant que ses capacités à guérir les maux les plus rebelles.

Vint un moment où il fut persécuté. Il dut se réfugier dans la montagne. Il a été pourchassé. Pourquoi ? C'est là que son histoire se mélange avec celle d'Abdelkader. Monté sur son cheval blanc, il galopait dans la montagne du Filahoucène qui surplombe la région en faisant une majestueuse barrière au Sud. Il logeait dans des creux de rochers. Il se nourrissait de ce que des fidèles lui apportaient en cachette, et des plantes de la montagne. Il buvait l'eau des résidus de la pluie.

Il y a encore des points d'eau dont la création est un miracle de sa bonté. Un jour, j'assistais à une grande opération militaire dans ces montagnes. C'était au mois d'août et la chaleur nous a fait rapidement vider les réserves d'eau de nos bidons. Nous avions soif.

La découverte d'un creux de rocher rempli d'eau limpide nous remplit de joie. Les harkis me dirent alors : « Ne bois pas de cette eau, elle n'est pas bonne. Il faut la laisser aux militaires sans expérience. Ils vont être malades. » Je ne comprenais pas, car l'eau était claire, fraîche et invitait à se désaltérer. Mais j'avais confiance et j'ai réprimé ma soif.

Quelque temps plus tard, un autre point d'eau est apparu. Il était plus petit, mais paraissait profond. Dans son eau, on voyait des algues vertes et toutes sortes de bestioles nager. J'étais au désespoir. C'est alors que je vis tous les harkis se pencher sur cette eau, la boire sans retenue et en remplir leurs bidons. Je leur disais :

« Attention, cette eau pourrie doit être dangereuse. » Ils me répondirent : « Non, toubib, cette eau est bonne. C'est une eau sainte. Tu peux comme nous la boire sans crainte. Ce point d'eau a été créé par le marabout Sidi Mohamed el Guendouz pendant sa retraite montagnarde. Il l'a placé là pour que les bergers, après lui, puissent se désaltérer. Il ne tarit jamais. »

J'ai bu. J'ai rempli mon bidon, ce qui m'a permis d'en donner un peu. Bien sûr, je n'ai pas été malade.

Après nous être désaltérés, j'ai sauté du haut d'un rocher et je me suis mal reçu. Une grosse entorse. Mon pied droit gonflait rapidement. Pour continuer à marcher, j'ai imaginé un bon bandage bien serré. Mais je n'avais pas de bande et les tissus que nous possédions n'étaient pas assez souples. Je suis donc parti vers le PC du bataillon, où se trouvait mon confrère le docteur J., grand amateur de belles voitures et de jolies filles. Il n'avait pas, lui non plus de bande, mais il m'a proposé de venir avec lui dans la tente du PC, pour me rafraîchir. Il m'a offert une grande tranche de melon. Je ne connaissais pas ce traitement des entorses, il est très agréable.

Du haut de ce massif montagneux, on a une vue superbe, aux quatre points de l'horizon. Mais à un endroit, la montagne s'interrompt brusquement par une falaise de plusieurs centaines de mètres de haut. On la voit bien depuis Tient.

On raconte que le marabout Sidi Mohamed el Guendouz, poursuivi par ses ennemis, était acculé au vide. Sans hésitation, il a sauté. Miracle ! Arrivé en bas, toujours droit sur son cheval, il a excité sa monture et a disparu.

À sa mort, il a été enterré dans le village de Sidi Mohamed el Guendouz, au dessus d'Aïn Zemmour. Mais, apparenté aux Benamari, il avait aussi une famille à Tient. Les villageois de Tient sont allés en délégation pour demander le corps. Cela leur a été refusé. Alors, profitant d'une nuit obscure, ils sont venus avec des pelles et des pioches et sans bruit l'ont emporté.

Il y a eu bataille, allers et retours de celui qui était tellement vénéré. Finalement ce sont ceux de Tient qui ont gagné et ils lui ont construit ce beau monument.

On dit aussi que la querelle a cessé parce que les habitants d'Aïn Zemmour et de Sidi Mohamed el Guendouz ont pu récupérer une parcelle de son corps, mais on ne sait plus où elle se trouve.

Ma vie médicale s'est organisée.

Le rôle principal du médecin d'un poste militaire était de surveiller la santé des matelots et de les soigner. Je n'avais rien à faire pour le contrôle de la nourriture que le capitaine d'armes surveillait avec soin. Les dortoirs étaient très bien entretenus. Les tenues des appelés étaient bien nettoyées. Ils étaient jeunes, bien dans leurs têtes et jamais malades.

Peut-être aussi n'avaient-ils pas très confiance en ce matelot médecin ? Ou bien, me voyant soigner les arabes qui venaient en file, pensaient-ils que ma médecine était au rabais ?

Quand ila avaient des soucis de santé, ils prenaient probablement le camion du matin pour aller en ville à l'hôpital et revenaient dès que le marché était terminé.

Le maître Floch ne m'en a jamais fait part.

Quand la compagnie et la harka partaient en opérations, j'allais bien sûr avec eux. J'avais confectionné un petit sac que je portais devant moi, en plus de mes affaires dans mon sac derrière. J'avais tenté de mettre dedans ce que je pensais utile : quelques bandes, un garrot, du désinfectant, des ampoules de morphine. Heureusement, je n'ai jamais eu à m'en servir. Je craignais cette occurrence. Je n'avais pas été formé à la médecine de guerre. Qu'aurais-je fait ?

Jean Lou Prache m'a défini aussitôt les contours de ce que je devais faire. Ce serait l'AMG, l'assistance médicale gratuite aux populations habitant dans les villages du secteur du poste. Il y avait environ 10 000 personnes dans un rayon de 15 kilomètres.

Ces villages étaient restés en l'état, les habitants n'avaient pas été regroupés dans des camps comme cela s'est fait dans d'autres régions. Heureusement, car ces regroupements destinés à éviter la fréquentation des fellaghas et l'aide à leur subsistance, ont été la source d'un appauvrissement supplémentaire et, loin de séparer les gens de la rébellion, les en a rapprochés.

Les villages étaient composés pour la plupart de quelques maisons en terre, les mechtas. Certaines contenaient plusieurs chambres autour d'une cour commune. D'autres seulement une pièce servant à tous, donnant directement sur l'extérieur.

Ils étaient pour beaucoup d'entre eux perchés sur les hauteurs. C'était un système de protection très ancien, à la fois contre des agresseurs possibles, et surtout contre les fièvres des vallées, car le paludisme infestait encore la région quelques années avant mon séjour.

Il n'y avait pas de puits dans ces villages élevés. Les femmes devaient aller chercher l'eau dans la vallée à des sources soigneusement entretenues et protégées, avec des cruches en terre fixées au dos par une longue corde entourant le torse.

On voyait les villages de loin, décor humain dans une nature par ailleurs aride et sans arbres. Seules les couleurs de la terre rouge, des montagnes rouges vertes jaunes brunes violettes donnaient au paysage une variété et une beauté changeant au rythme des saisons et des heures du jour.

Comme les couchers de soleil étaient beaux, vus de la montagne !

La verdure n'était présente que dans les vallées et pendant quelques mois sur les hauteurs : croissance des blés et des fèves sur les restanques et les flancs des collines.

A Noël, les champs d'amandiers en fleurs dessinaient des petits nuages roses et blancs, couleur tendre et douce contrastant avec la rudesse du reste du paysage.

Le village de Tient, dans le fond de sa cuvette, entouré de ses jardins regorgeant de verdure et auréolé par les bouquets d'amandiers entourant le poste, sur fond de ciel bleu, était alors un tableau superbe.

Noël était aussi l'époque des fleurs des champs. On voyait les étendues non cultivées se couvrir des taches jaunes de millions de soucis.

Les soins donnés aux populations faisaient partie de la pacification. Bien grand mot qui supposait que toute la population se considérait comme en état de guerre et était contre nous, ce qui n'était pas vrai.

Ce qui l'était en revanche c'est que la plupart des habitants des villages n'avaient jamais vu de médecin et ne savaient pas à quoi ce personnage pouvait être utile pour eux et leurs enfants. Ils se soignaient comme ils pouvaient avec des plantes ; les vieilles femmes, ressemblant souvent à des sorcières, servant de guérisseuses et d'accoucheuses.

Germaine Tillon, qui avait partagé comme ethnologue plusieurs années de sa vie avec eux, connaissait bien l'extrême pauvreté du peuple algérien. Elle avait attiré l'attention des autorités françaises sur la nécessité d'y apporter remède. Elle avait aussi été frappée par le développement de la paupérisation entre la période où elle habitait dans les Aurès en 1930 et après la deuxième guerre mondiale. Elle l'avait appelée la clochardisation, ce qui voulait dire aussi qu'autrefois ce n'était pas comme cela et que la colonisation était pour beaucoup dans l'appauvrissement des gens. Elle avait persuadé le haut commandement militaire en Algérie de la nécessité d'actions de développement économique et social. Elle avait préconisé la création d'actions en faveur du mieux être et du développement.

Mon action s'inscrivait dans cette proposition.

Il existait déjà au poste une consultation pour la population avoisinante. Mon prédécesseur recevait le matin à l'infirmerie. Il y avait un stock de médicaments spécialement destinés à cet usage. J'ai pris la suite. Les premiers temps, une dizaine de personnes étaient assises dès l'aube devant le mur de protection de l'entrée. Il fallait aller les chercher une par une, la porte de l'infirmerie donnant dans l'intérieur de la cour, sans fenêtre sur l'extérieur d'où j'aurais pu appeler le suivant.

On m'a donné pour aide et interprète Fatna Nouar. Elle était assistante sociale, parlait parfaitement le français, et était la fille de Lahbib Nouar, personne importante du village. Elle rendait bien service pour la discussion avec les femmes qui restaient toujours très discrètes sur leurs maux qu'elles voulaient garder secrets.

Le nombre des consultants a augmenté très rapidement. Dès 6 heures du matin, la file s'allongeait. Je leur demandais d'où ils venaient, c'était parfois de plus de dix kilomètres.

Nous avons décidé, Jean Lou et moi, peut-être Jean Lou tout seul ou moi en le persuadant, qu'il serait utile d'aller sur place dans les villages pour faire une consultation avancée leur évitant tant de peine.

Le premier village a été Biayet. Ce nom ne vous dit rien. Moi, il me dit beaucoup parce que c'était le début. Je ne savais pas comment j'allais faire pour soigner efficacement ces gens-là. Pour y aller, on a d'abord pris le camion GMC du poste, qui transportait le médecin, ses caisses, son assistant et l'escorte de matelots. Mais cela demandait plus d'une heure, car il fallait descendre jusqu'à Nemours et ensuite remonter. Le village n'avait rien de particulier. Une personne prêtait sa cour comme salle d'attente et une chambre pour faire la consultation.

Il a fallu s'organiser mieux.

La première réforme fut d'aller à Biayet à pied.

C'était beaucoup plus rapide. Il suffisait de traverser le village harki et ensuite de descendre dans l'oued, le longer un peu vers Nemours, puis remonter de l'autre côté la pente de la colline couverte de caroubiers et d'amandiers.

Le transport en camion a été abandonné. On ne pouvait pas réquisitionner le GMC pour mon seul usage à peu près tous les après midi. Les deux caisses de médicaments ont été portées par les matelots qui assuraient ma protection. Ce n'était pas facile et aussi un peu pénible.

Fatna n'aurait pas pu aller à pied avec nous. Il a fallu changer mon assistante contre un homme. Ce fut Mohamed Zennoun. Ancien fellagha capturé dans l'oued Saftar, il a été nommé infirmier car il avait été brancardier à l'Assistance Publique à Paris. Il pouvait marcher. Il traduisait les demandes, nettoyait le matériel, faisait les injections intramusculaires. Quand l'aiguille, abîmée ou émoussée par de nombreux usages devenait crochue, il en redressait la pointe d'un coup d'ongle avant de piquer.

Je le reprenais. Il recommençait. Je n'ai jamais vu d'incident.

On a cherché un animal de bât pour porter les caisses. Le plus facile aurait été un âne, il y en avait beaucoup, mais nous imaginions que je devais monter sur l'animal. Un âne n'était pas digne et j'aurais été aussi un peu lourd pour la bête.

Cela ne réglait pas le problème des caisses.

Une brel fut trouvée. C'était une mule de l'armée, surveillée et ferrée régulièrement par les services vétérinaires et le maréchal ferrant qui venait deux fois par an au poste. Elle avait tout son matériel annexe, y compris une selle.

J'étais censé monter sur l'animal, les caisses accrochées de chaque côté. L'arrimage ne posait pas de problème. C'est la monte qui en a posé. Elle ne m'acceptait pas, et trouvant peut-être que j'étais trop lourd, refusait d'avancer.

Moi dessus on a crié, frappé avec des bois de plus en plus durs et de plus en plus fortement, rien n'y a fait. Même la présentation d'une carotte devant son nez ne l'a pas fait avancer.

Mais quand on lui a mis sous les yeux une branche d'épineux, elle est partie au triple galop. J'ai pu conserver ma dignité, mais décidé que j'irais à pied, comme tout le monde, à côté.

On lui a fait fabriquer dans un village un harnachement traditionnel : un gros matelas, deux sacs de jute pendant de chaque côté et reliés par un laçage tissé, comme il y en avait partout pour les ânes. Les caisses mises dedans on pouvait aller partout.

Je marchais en général devant, Zennoun suivait la brel.

Au printemps, un problème s'est posé. L'animal recevait sa nourriture de l'armée. Foin, avoine. Mais l'apparition des cultures fraîchement poussées lui donnait des envies. Nous faisions tout ce que nous pouvions pour éviter qu'elle les dévore en passant. Un vieil homme de Bou Ali s'avança un jour en souriant. Il portait une muselière qu'il avait lui-même fabriquée. Il l'offrait à la bâte. À sa déception le problème de sa gourmandise fut réglé.

Le terrain des consultations avancées s'est ainsi agrandi.

Je partais tous les après midi en tournée.

Après Biayet, ce fut Aïn Zemmour, puis Bou Ali. Enfin Dar Ben Aïch, Sidi Mohamed el Guendouz, et enfin pendant un temps, Sidi Brahim. Pour les trois derniers, le GMC était nécessaire car c'était vraiment trop loin.

Une dizaine de matelots m'accompagnaient. Ils n'étaient pas très bavards. Ils trouvaient cette occupation agréable, car ils faisaient un peu de marché et se reposaient pendant la consultation.

Dès notre arrivée, on hissait le drapeau à croix rouge sur une longue branche, le plus haut possible, sur le toit de la mechta où se déroulait la consultation. C'était le moyen de signaler alentour que le médecin était sur place.

Après les gens du village, on voyait arriver de parfois loin, une file de personnes venant consulter.

Zennoun mettait les seringues et les aiguilles à bouillir sur un feu de bois, dans une gamelle prêtée par notre logeuse. J'étais assis sur des coussins à l'intérieur de la maison, presque face à la porte, afin de voir qui entrait. Les caisses ouvertes, Zennoun à côté de moi.

Petites plaies, petits maux des enfants, infections respiratoires, parfois une diarrhée grave que je devais perfuser avec du sérum et qui guérissait rapidement.

J'ai pu organiser des séances de vaccinations. J'avais réussi à me procurer auprès du pharmacien de la DBFM des stocks de vaccin DTTAB (Diphtérie, tétanos et typhoïde) proches de la date de péremption et qui auraient été perdus.

L'annonce de possibles vaccinations a été un grand succès. Malgré l'ignorance médicale des populations, chacun savait le danger du tétanos qui provoquait de nombreux morts. Et puis c'était des piqûres qui faisaient très mal, donc elles étaient efficaces.

Il fallait tenir un cahier précis, certains auraient bien voulu recevoir une injection de plus !

J'ai soigné de nombreuses brûlures. Les enfants tombaient dans le foyer de cuisine entre deux pierres, ou dans le « kanoun » rempli de charbon de bois. Les femmes s'ébouillantaient avec leurs marmites. Les gens refusaient de descendre à l'hôpital de Nemours. Comme il fallait renouveler les pansements et nettoyer les plaies, j'allais dans les villages, le plus souvent seul, en plus des consultations habituelles.

J'ai souvent été appelé pour des accouchements. J'ai béni l'enseignement de mademoiselle Planck, sage-femme de la maternité Pinard, chez le professeur Lepage à l'hôpital Saint Vincent de Paul à Paris, accoucheur de la famille, où j'avais fait un stage d'externe et pratiqué un peu. Au moins étais-je capable de faire les gestes les plus courants et de savoir reconnaître si l'accouchement en cours devait bien se terminer ou si une complication imposait une évacuation.

Dans les villages, les accouchements étaient surveillés par des accoucheuses traditionnelles, sortes de sorcières, sans aucune connaissance médicale, qui tentaient d'aider la sortie de l'enfant par expression abdominale et la sortie du placenta en tirant sur le cordon ! Manœuvres dangereuses s'il en est.

Le mari était exclu de la chambre dans laquelle se passait la naissance.

Je n'étais appelé que tard, souvent au bout de deux jours de travail, car il n'était pas d'usage qu'un homme intervienne, et en plus j'étais un militaire.

Ces difficultés de naissance étaient pour la plupart dues à l'extrême fatigue des femmes. Elles étaient épuisées par les travaux des champs et du ménage et mal alimentées.

Je n'ai été qu'une fois placé devant une dystocie due à une présentation du front. Heureusement détectée, l'évacuation par le GMC a permis une naissance sans mort.

La future mère accouchait accroupie. Elle aidait ses efforts en s'accrochant à une corde passée au dessus d'une poutre du plafond dans un espace aménagé spécialement. On voyait bien ce petit trou au milieu de la plupart des chambres.

La corde à accoucher pouvait être celle qui fixait la cruche sur l'épaule pour aller chercher de l'eau. Parfois c'était une corde spécialement destinée à cet usage. J'en ai reçu une en cadeau. Je l'ai gardée précieusement. Malheureusement elle a disparu je ne sais quand après mon retour en France. Celui qui s'en est servi ensuite ne pouvait pas imaginer toute la charge magique qu'elle portait.

Les histoires d'accouchement dans le bled sont des souvenirs de grandes joies des deux vies sauvées et aussi d'angoisses extrêmes, car je n'étais pas un grand spécialiste ; je ne pouvais que me fier à mes quelques connaissances. Heureusement, les situations ont été simples.

C'était souvent quand nous partions pour la consultation. Un homme se présentait à l'escorte. Il parlait discrètement. On me transmettait ce que j'avais compris dès l'instant.

« Docteur, quelqu'un veut vous voir. Je ne comprends pas ce qu'il veut. Il est très excité. » J'allais voir et l'homme me disait tout bas, en confidence, presque dans le creux de l'oreille, en secret, en s'écartant un peu afin que personne n'entende, qu'il s'agissait d'une histoire de sa femme, que la naissance ne se passait pas bien.

Nous changions de destination. Le poste de Tient était prévenu par radio. La nécessité médicale était acceptée sans problème.

Un jour, j'étais parti au poste de Grand Clère, chez mon ami Pouyat, car il y avait une opération militaire dans le secteur de Sidi Brahim et on souhaitait la présence d'un médecin. Je devais attendre au poste. Zennoun était avec moi.

Un homme se présenta au factionnaire et j'entendais bien, de loin, qu'il s'agissait de toubib. La réponse était que je n'étais pas là ; qu'il y avait opération militaire et que donc je n'étais pas disponible.

L'homme insistait. Je suis allé voir. « Tu vois bien qu'il est là ! »

Il m'expliqua que sa femme était en travail d'accouchement depuis deux jours. Qu'elle était très fatiguée et allait mourir.

« Si tu peux, viens ! »

L'accord de Pouyat, chef du poste, était évident. Il a averti sur les ondes que le toubib était parti vers Sidi Brahim avec son infirmier pour pratiquer un accouchement. Nous pouvions circuler sans crainte, l'épaule munie du foulard de reconnaissance de la couleur du jour. L'homme nous accompagnait. Il portait la caisse. Nous marchions vite.

Dès mon arrivée, le problème apparut simple. Après lavage de mes mains, j'ai vu que la poche des eaux n'était pas rompue. À chaque contraction, elle se tendait.

L'enfant ne pouvait pas sortir.

Un petit trou avec un coup de pince, une évacuation des eaux en douceur et l'enfant est né au bout de quelques minutes.

Ce fut la joie dans l'assistance, comme vous pouvez deviner. C'était pour eux une sorte de miracle.

Pendant que je donnais les soins à l'enfant, puis à la mère, j'ai entendu des poules crier. On préparait un repas. Et nous voici autour d'un plat de poulet vite cuit, et d'une chorba, soupe avec des nouilles et de la sauce tomate, en pleine fête familiale.

Nous sommes repartis dans l'après-midi, insouciants de l'opération en cours. Quelques marins venaient nous reconnaître de près, nous demander qui nous étions, étonnés de voir un médecin et un harki seuls devisant gaiement, le harki portant, en plus d'une caisse de médicaments, un chapelet de poules, cadeau de remerciement de la famille.

Voici une autre histoire.

La femme qui hébergeait ma consultation à Aïn Zemmour avait dans sa cour un puits à sec. L'eau n'est pas loin dans ce village. Mais en creusant on était tombé sur un gros rocher qui apparemment empêchait d'accéder à la nappe.

« Peux-tu faire quelques chose ?

François Filachou, qui était alors le chef du poste, est venu voir. Rien de plus facile pour lui que de placer une mine et de faire sauter le caillou. Il indiqua l'endroit où il fallait faire des trous dans la roche pour placer les explosifs.

Quelques jours plus tard, nous sommes partis tous les deux, les poches bourrées d'explosif de mèches et de détonateurs.

À mi-chemin, nous avons vu un homme courir vers nous à travers champs en faisant de grands signes.

Le plateau de Tient est bien plat. Pas d'arbres. On voit ainsi de très loin qui passe. Tout essoufflé, il me dit dans le creux de l'oreille, car il y avait François Filachou avec moi, que sa femme était entrain d'accoucher depuis plusieurs jours et qu'il fallait venir l'aider. Je n'avais rien que les explosifs dans mes poches. Nous étions déjà trop loin du poste pour songer à aller chercher la caisse de matériel. Nous avons donc continué en changeant de direction.

La maison de cet homme se trouvait en aval d'Aïn Zemmour, pas loin de la voie du chemin de fer apportant les lingots de plomb du Maroc vers le port de Nemours. Une seule pièce très simple. Dedans, une femme en douleurs gémissant, une grand-mère et une accoucheuse traditionnelle, sorcière aux mains sales et aux châles crasseux.

Nous nous sommes mis à l'aise. J'ai défait le ceinturon et le pistolet, nous avons sorti de nos poches les nombreux accessoires explosifs qui les encombraient et les avons placés sur une étagère afin de ne pas les perdre de vue.

Un silence s'est alors installé dans la mechta. Déjà auprès de la femme, je n'y prêtais pas attention. Ce n'est qu'au bout de quelques instants qu'en me retournant j'ai vu les yeux angoissés de l'homme et des femmes alentour. Ils savaient très bien ce que sont les explosifs. L'homme ne savait pas où nous allions quand il nous avait interceptés sur le chemin. Pourquoi ces militaires ont-ils besoin d'explosifs pour faire accoucher ma femme ? Quelques mots ont détendu l'atmosphère. Les rires et les plaisanteries ont fusé, et je me suis mis au travail.

Là encore, le problème était simple et l'enfant est sorti très vite. Mais il était bleu et ne respirait pas. Je ne connaissais de la réanimation du nouveau-né que ce qu'on apprenait à l'époque.

J'ai frotté avec de l'alcool, baigné dans de l'eau chaude puis froide. Heureusement il a crié très vite. J'étais seulement un peu impatient.

La joie de la famille faisait un immense plaisir.

Nous avons mangé le poulet et reporté la mine du puits à un autre jour.

J'ajoute que les habitants de cette mechta nous ont vus partir en rempochant tout notre attirail avec un certain plaisir. Cette maison ai-je appris plus tard avait hébergé des fellaghas qui avaient plusieurs fois miné la voie ferrée très proche. Les sanctions avaient été très sévères. Plusieurs hommes avaient été saisis et fusillés. Ce n'était bien sûr pas les véritables auteurs des attentats, ceux-ci, en fuite, avaient seulement dénoncé ces voisins avec lesquels ils avaient eu quelques querelles.

Un soir très tard, un habitant de Tient, bravant le couvre feu, est venu au poste. Il demandait mon aide pour sa femme, qui avait accouché mais dont le placenta ne sortait pas. Dans ces cas, les accoucheuses tiraient sur le cordon, pressaient le ventre, créant des complications mortelles.

C'est pourquoi je suis allé aussitôt. Il s'agissait effectivement d'une rétention placentaire, avec son risque d'hémorragie et d'infection. Mes soins n'y ont rien fait. J'ai décidé de la faire évacuer vers l'hôpital de Nemours.

Le GMC du poste fut appelé par radio. Nous avons mis la femme couchée sur un brancard et nous voilà partis. À l'arrivée, grâce aux secousses du véhicule, le problème était résolu. Le placenta était sorti tout seul. Il nous restait à remonter à Tient.

En passant devant le village d'El Koraïche, sur la partie de route en forte montée, avec un ravin sur la gauche, un porc épic traversa la route. Il trottinait lentement, ébloui par les phares. Sur les cris des harkis qui assuraient l'escorte, le chauffeur pila son lourd camion. Nous avons tous sauté tous à terre, et nous débarrassant rapidement de notre veste pour la jeter sur l'animal, seul moyen de l'attraper car ses piquants sont redoutables, nous poursuivions le porc épic. Nous ne l'avons pas attrapé.

En revanche, j'ai buté brusquement sur un obstacle, qui comme un piège me fit rouler dans la pente. Il n'y avait pas de mal. Mais j'avais accroché un fil dont je tenais un bout dans la main, mais pas l'autre.

Rentrés au poste, nous sommes tous partis nous reposer de cette veillée mouvementée, après avoir vanté les qualités de la chair du « Durban », mais sans l'avoir attrapé. Sans plus penser au fil.

Mais au matin, le poste de Tient ne pouvait plus communiquer avec le PC de la DBFM à Nemours. Celui-ci appelait désespérément. Il s'est passé quelques heures avant que quelqu'un pense à l'évacuation sanitaire de la veille et que l'un des membres de l'escorte explique les déboires du toubib, encore un peu couvert de bleus.

La réparation fut faite. Mais on a ainsi évité un drame militaire qui se présentait sous la forme d'un sabotage probable des communications téléphoniques ! D'autant plus que le chef du village d'El Koraïche, voyant un camion s'arrêter brusquement sur la route à quelques centaines de mètres de son village, et entendant des cris intenses, avait fait un rapport confirmant l'attentat.

Une autre histoire est plus émouvante.

J'étais arrivé à Dar Ben Aïch. C'est loin de Tient. Ce jour là le GMC ne m'avait pas amené.

Dès mon arrivée, une femme me tira par la manche et m'entraîna dans une mechta un peu plus loin que celle où je donnais d'habitude mes soins. Il y avait là une jeune femme couchée sur des linges, d'une pâleur intense. Enceinte de quelques mois, elle venait de faire une fausse couche et elle saignait. Le saignement ne s'arrêtait pas. L'utérus était encore gros. Le saignement était continu. La rétention d'une partie du placenta était certaine. Sans intervention, le saignement allait continuer et la femme allait mourir.

Je devais évacuer l'utérus des débris qui n'étaient pas sortis avec le fœtus. Je n'avais aucun instrument et pas d'anesthésique.

J'ai expliqué ce que je devais faire, que je le ferais avec les doigts, que la femme allait souffrir atrocement, mais que c'était le seul moyen à tenter pour la sauver. Les femmes alentour ont très bien compris.

J'ai fait ce curetage à mains nues, le lit était le sol de terre battue. J'ai pu évacuer quelques débris. Le saignement s'est arrêté.

Le silence intense pendant l'opération a duré encore quelques minutes. Quand tous ont compris que la femme était sauvée, les conversations ont repris doucement puis de plus en plus fort, chaque assistante me tirant la manche ou me disant quelques mots en se penchant vers moi, toujours agenouillé à côté de la jeune femme, continuant à observer.

Opérer dans de telles conditions présentait un danger extrême d'infection.

J'ai ensuite pris tous les flacons de pénicilline dont je disposais dans ma caisse et les lui ai injectés. Il devait y avoir environ dix millions d'unités, une dose très forte.

« Je reviendrai la semaine prochaine. »

La semaine suivante, une jeune femme se tenait sur la place où le GMC s'arrête. C'était elle.

Elle m'attendait pour me dire merci.
J'en ai pleuré d'émotion.

Aïn Zemmour

Pour aller au village d'Aïn Zemmour, en sortant du poste à pied, on prenait pendant quelque centaines de mètres le chemin de terre qui va vers Tounane en contournant la cote 444 et en passant au dessus de Bou Ali.

On tournait à gauche à la naissance d'un ravin d'abord tout petit mais qui s'enfonçait de plus en plus, on remontait sur le plateau et on marchait vers le sud.

Bientôt on arrivait à la ferme Jaffar tenue par les deux frères Miloud et Bachir. C'est une ferme européenne en carré, des bâtiments très simples en pisé. Dans un coin de la cour, une vigne en tonnelle donne un peu d'ombre devant la porte de l'habitation. Les deux frères étaient les fermiers d'un pharmacien de Nedroma. Ils exploitaient la plus grande partie du plateau. Leur spécialité était le melon, dont ils faisaient au printemps plusieurs hectares. À la saison, ils venaient en apporter tous les deux jours au poste, il y en avait pour tout le monde. Le goût de ces fruits mûris complètement au soleil, parfaitement à point, m'est resté. Je n'en ai jamais mangé ensuite d'aussi bons.

Après un passage amical, un petit bonjour, le sentier reprenait le plateau sur un bout de chemin encadré de quelques amandiers.

Terre ocre ou grise, poussiéreuse, les montagnes du Filahoucène semblaient à portée de main, et pourtant elles étaient à plus de trente kilomètres.

Le village de Sidi Mohamed el Guendouz émergeait. À droite, celui de Dar Ben Aïch semblait tout près.

Et d'un coup, comme dans ces prises de vues depuis un hélicoptère, on découvrait la tranche, la bordure, le haut de la falaise qui surplombe l'oued. La vallée se découvrait, avec ses vergers, la verdure et les maisons d'Aïn Zemmour.

Les villages entrevus ont repris leur place, bien loin. Un premier plan grandiose s'est dévoilé : l'oued, puis le village d'Aïn Zemmour.

La descente n'est qu'une glissade dans la poussière. Le sentier n'est sûr qu'aussitôt après une pluie, quand la terre s'est desséchée. L'oued est facilement traversé pendant la plus grande partie de l'année. Il faut se déchausser. On a de l'eau jusqu'aux genoux, mais pas plus. Bain de pieds bien agréable quand la chaleur écrase. Moment de bavardages et de plaisanteries.

Mais parfois on ne peut pas passer. Cela m'est arrivé plusieurs fois. La pluie avait amené de l'eau venant de loin, d'endroits où il avait plu plus que chez nous. L'oued était lors infranchissable. On entendait même les galets se frapper dans leur course folle. De l'eau boueuse, grise avec des reflets rouges, des tourbillons impressionnants. Alors, il fallait faire demi-tour.

Quand on était sur l'autre rive, on entrait dans les jardins du village, analogues à ceux de Tient, avec les petits carrés de légumes, les séguias pour l'arrosage, les arbres fruitiers. Il y avait des oiseaux.

Pendant longtemps je suis passé à côté du puits. Un peu plus grand que les autres, et séparé des maisons. Un arbre au dessus. Une grosse pierre formant banc, sur laquelle il y avait souvent des vieux entrain de bavarder. Un petit bonjour amical et nous passions. Un jour, j'ai demandé si l'eau de ce puits était bonne à boire. Elle l'est toujours, et le puits ne tarit jamais m'a-t-on répondu. Il y avait un peu de mystère dans la voix. Et encore plus tard j'ai connu le secret du puits. « Vois au fond, habitue bien ton regard à l'ombre et à la profondeur du puits. Regarde bien. Vois-tu le poisson ? » Il y avait au fond de ce puits une anguille énorme. Le corps gros comme une cuisse, la longueur n'étant pas appréciable, parce qu'elle était enroulée autour d'elle-même.

« Cette anguille est connue de toujours. Les grands pères de nos grands pères la connaissaient. Elle est sacrée. C'est elle qui donne à l'eau sa pureté. Elle est aussi la protectrice du village. Personne d'autre que nous et toi ne la connaissent ; ne la trahis pas. Les militaires sinon iraient la pêcher pour la manger et ce serait un grand malheur pour nous. »

Je n'ai trahi ni les vieux, ni l'animal.

La consultation se faisait dans une maison habitée par une femme seule. Son mari avait été fellagha et tué au cours d'un combat. Son fils était parti à Oran.

Elle irait là bas quand la paix serait revenue.

Les chèvres
Ou vétérinaire à Biayet.

J'étais arrivé en pleine saison sèche, vers la fin du mois d'août. Les pluies sont venues dans le courant du mois de septembre et dès octobre les montagnes étaient couvertes d'une verdure tendre. Les chèvres se sont rempli la panse de cette herbe délicieuse, et elles sont tombées malades.

Un jour, il y avait dans la cour de la mechta qui nous servait de consultation avancée au moins autant de chèvres que de personnes. La plupart des animaux avaient le ventre gonflé, certaines ne pouvaient plus marcher.

Que faire ?

Un conciliabule eut lieu entre Zennoun, considéré comme le médecin numéro deux, les femmes et les hommes présents.

Elles ont attrapé une indigestion. Certaines vont mourir bientôt si on ne fait rien. Le mieux serait peut-être de les tuer avant qu'elles meurent ?

Puis avec moi : Que peux-tu faire ?

Je n'avais aucune notion du métier de vétérinairre. Le mot d'indigestion me donna une idée. Il y avait dans le stock de médicaments dont je venais de faire l'inventaire, de nombreux sachets de poudre de bicarbonate de soude.

C'était une spécialité « pour le foie », complètement inutile aux matelots. Zennoun fut dépêché au poste pour en chercher, tandis que je commençais la consultation des enfants et des femmes dont l'état n'exigeait pas la présence d'un interprète. À pied ce n'était pas loin. Il suffisait de descendre la colline et de remonter de l'autre côté de l'oued pour se trouver sur le plateau.

Deux matelots armés l'ont accompagné.

Quand il est revenu, la consultation a été interrompue. C'était l'état des animaux qui dominait la situation.

Il fallait leur faire boire le bicarbonate. Elles ne voulaient pas.

Alors j'ai vu apparaître une carafe, comme on en voyait dans les maisons bourgeoises du XIX° siècle, avec un fin goulot allongé comme un objet en cristal. Mélange fait, les chèvres ont été gavées l'une après l'autre.

Pendant ce temps, les plus malades étaient égorgées par Zennoun qui avait décidé que c'était la seule façon pour elles d'être encore utilisables.

Dès la fin de l'après midi, le troupeau allait mieux. On entendait chevroter et courir. Les enfants jouaient à cache-cache avec les chevreaux. Je n'ai jamais vu guérison plus rapide. Une deuxième séance le lendemain a remis tout ce petit monde sur pied.

Ce jour là je me suis rendu compte combien le cheptel caprin avait de l'importance. La mort de ces bêtes aurait été une grande catastrophe économique.

Bou Ali

Biayet était tout près, les gens venaient facilement à pied et le nombre de consultants à l'infirmerie du poste en provenance de ce village se faisait moins important. Cette consultation avancée a été abandonnée et je suis allé à Bou Ali.

Depuis le plateau, on ne voit pas le village. Il est après Bou Kedama, sur le haut de la falaise qui surplombe l'oued Ghazouana. Seule la première mechta est visible sur la hauteur. Les autres s'échelonnent sur la partie supérieure de la croupe.

Après Bou Kedama, la piste, simple sentier pour les hommes et les ânes, va tout droit. On voit alors apparaître le village. Les maisons se détachent sur le ciel bleu comme un découpage.

C'est sans compter avec un ravin abrupt de plus de soixante mètres de dénivelé qui nous en sépare. Il faut dégringoler jusqu'en bas. Là on trouve une petite source qui coule toute l'année, en un mince filet, entre quelques pierres. L'eau n'y dévale avec fureur que pendant les grandes pluies. C'est l'occasion de faire la pause, de se désaltérer avec une eau pure et fraîche. On y rencontre les femmes qui viennent puiser de l'eau pour la remonter de l'autre côté, ou bien laver leur linge.

Le faible débit de la source rend les opérations très lentes. On attend son tour en bavardant. Il y avait ainsi souvent six ou sept femmes accroupies, penchées sur la source en maintenant leur cruche, descendant la fin du sentier ou le remontant en tenant la cruche sur l'épaule, s'appelant, papotant.

Spectacle paisible, silhouettes minces et fortes, voiles abondants de toutes les couleurs.

Du haut de la falaise, le spectacle était d'une grande beauté.

Une fois remontés de l'autre côté, la première maison est celle qui s'est offerte pour faire consultation. Quand j'avais les jambes un peu engourdies d'être assis par terre, je pouvais me lever, aller dans la cour. De là, la vue s'étendait vers l'est dans le ravin, vers le sud, jusque vers Dar Ben Aïch et Sidi Brahim. Plus loin encore, les montagnes violettes, jaunes et vertes barraient l'horizon.

Quel spectacle !

J'avais remarqué, juste avant de plonger dans le ravin et de remonter vers le village, sur le bord du chemin, un tout petit abri fait de quelques grosses pierres. Sous les pierres, il y avait une cruche remplie d'eau fraîche. Serait-ce pour que les fellaghas qui passent pendant la nuit puissent se rafraîchir ? « Non, toubib. Ce serait un piège trop facile pour les militaires français. Je vais t'expliquer. Nous sommes en ce moment en période de Ramadan. Pendant ce temps, chacun se doit de faire une bonne action pour son prochain. Don de blé, de viande si on abat un animal, service rendu. Les gens de Bou Ali sont pauvres. Ils ne peuvent pas donner de blé, ni de viande. Ils en ont à peine suffisamment pour vivre. Alors ils ont inventé quelque chose pour faire plaisir aux passants. Le chemin se sépare en deux à cet endroit. À droite on descend à travers les éboulis puis on remonte pour aller au village. À gauche, il continue encore un moment à flanc de coteau, pour plonger dans la vallée et remonter ensuite vers Dar Ben Aïch et Sidi Brahim. Les gens qui vont à la foire de Nemours passent par là en grand nombre. Des personnes pieuses de Bou Ali vont chaque jour renouveler l'eau de la cruche, qui reste ainsi fraîche et désaltérante. »

Je l'ai cru. J'en ai bu. Elle est délicieuse, surtout quand vers 14 heures le soleil tombe droit et fort.

Un jour, une femme s'est présentée au poste en pleurs. Elle portait un nouveau-né de quelques jours. Elle n'avait plus de lait. L'enfant avait faim. Il allait mourir.

Le bébé n'était pas bien gros. Sa bouche était déjà sèche, il cherchait à téter mais ne tirait rien de deux seins vides. La femme était dans un état de fatigue extrême.

Elle habitait Bou Ali, son mari était mort, elle vivait seule. Pour gagner un peu, elle allait chaque jour à Nemours, à pied, avec un groupe de femmes du village, pour travailler à l'usine de conserve, mettre les sardines en boîtes. Quinze kilomètres à l'aller pendant la nuit et la même chose de jour au retour, sous le soleil.

Certains jours, elle revenait avec quelques poissons, donnés par le contremaître en plus d'une minuscule paye. D'autres fois, elle n'en ramenait qu'un ou rien, car la pêche avait été mauvaise.

J'ai pu trouver du lait en poudre, grâce au capitaine d'armes et à la générosité du commandant et je le lui donnais par petites rations quand elle passait au poste. Le don d'une boite entière était défendu. Il aurait pu aller aux rebelles !

L'état du bébé s'est amélioré. Il a vécu. Un jour la femme n'est plus revenue. Je l'ai revue dans le village, heureuse.

C'est à Bou Ali qu'habitait Kebli. C'était déjà un vieillard malgré son âge, à peine 50 ans.

Il était tous les jours vêtu de blanc et je le trouvais le plus souvent dans son jardin au bas du village.

Les jardins de Bou Ali valaient en beauté ceux de Tient. Nous nous asseyons à côté l'un de l'autre et il parlait. Il avait visité la France, avait travaillé je ne sais où. Il avait imaginé que l'Algérie serait véritablement un territoire français avec les mêmes droits et devoirs pour chacun.

Il expliquait bien l'origine de la rébellion dans les inégalités sociales. Il pleurait l'injustice de la mort de ses deux fils.

Quand nous sommes revenus Marie et moi en 1985, j'ai demandé à le voir. Il venait de mourir.

Encore une occasion perdue de parler ensemble plus librement, maintenant que la guerre était finie et l'Algérie indépendante.

Les Européens à Tient

Les Européens habitant l'Algérie étaient appelés par les autochtones « Pieds noirs ». Ils sont nées en Algérie entre 1830 et 1962, descendants d'immigrés venus de France, d'Espagne, de Malte, d'Italie, au XIX° siècle ou au début du XX°. Ce groupe comprend aussi la communauté juive implantée en Algérie et plus généralement en Afrique du Nord bien avant 1830.

La plupart ont dû quitter l'Algérie en 1962 ou dans les années qui ont suivi.

Pieds Noirs. Pourquoi les Algériens ont-ils appelé ainsi les Européens de l'Algérie ?

Il y a plusieurs versions qui reviennent toutes à la couleur noire de leurs pieds dans certaines circonstances. Les fonctionnaires portaient casque blanc, veste et pantalon blancs et … bottes noires. Les colons qui défrichaient les marécages au sud d'Alger travaillaient dans une boue collante et noire qui teignait leurs pieds, contrastant avec la blancheur de leurs jambes sous le pantalon retroussé. À la récolte du raisin, ils foulaient les grappes dans les cuves à pieds nus. Leurs pieds en ressortaient de couleur rouge foncé, tirant sur le noir.

Romero était un de ces Pieds Noirs venus d'Espagne au moment de la guerre de 1936. Il avait reçu une terre sur le plateau de Tient. Il y cultivait une vigne où j'ai chassé les grives saoules avec un bâton. On y levait aussi des perdreaux pendant la période de la chasse. Sur les pentes de l'oued Ghazouana il avait des oliviers, des amandiers.

La maison était petite, un rez de chaussée, trois pièces. Une cour minuscule avec une grange. Les ouvriers logeaient à côté. Il vivait simplement. Il n'avait jamais voulu déménager pour se mettre à l'abri d'attaques éventuelles. On le voyait très rarement au poste.

Je l'ai rencontré de plus près pendant une courte période. Il avait besoin d'une série de piqûres de streptomycine, car il avait contracté la tuberculose. Je venais le piquer. Nous bavardions un peu ensemble. Il m'a raconté comment le statut des Espagnols était différent de celui des arabes. Et puis, il est devenu exigeant, me prenant pour son infirmier ; je devais venir à heures fixes selon son bon vouloir. Un jour, je lui ai déclaré qu'il devait se trouver un autre système de soins. Je ne l'ai pas revu.

En 1985, il n'y avait plus de vignes, elles avaient été arrachées. A leur place, une sorte de désert. La maison était en ruines.

Un autre européen fréquentait assidument le poste : monsieur Bastide. Il était le directeur du port de Nemours. Il venait de temps à autre chasser sur le plateau avec son garde du corps, que nous appelions le Sioux, car il était capable de repérer toutes sortes d'animaux cachés sur la terre, à des distances de plus de 100 mètres. C'était lui le chien de chasse de Bastide. Il ne revenait jamais bredouille. Il ne restait au poste que peu de temps.

Il y avait aussi des fonctionnaires de passage. J'ai vu plusieurs fois une équipe de lutte contre le paludisme. Malgré les événements, cette action se poursuivait. Deux techniciens passaient une fois par an, prélevant des larves dans les mares pour détecter celles produisant les anophèles. Ils pulvérisaient un insecticide sur les murs intérieurs des maisons exposées, proches des oueds. L'efficacité de cette technique était certaine. Bien que beaucoup de personnes se plaignent de « fièvre froide et chaude », je n'ai pas vu de vrai paludisme.

La vache

Je commençais d'habitude les consultations à l'infirmetrie du poste vers 7h30.

Je faisais le tour du mur d'enceinte. En allant dire bonjour aux personnes attendant en file, sagement alignées, je cherchais les urgences. Ce mur orienté à l'ouest protégeait du soleil jusque vers 10 heures ; la consultation était alors terminée.

Il y avait parfois des malades graves, couchés ou amenés soutenus par des parents. Il fallait les voir tout de suite. Le capitaine d'armes m'aidait beaucoup pour ce tri.

Un matin, au milieu de la longue file, attendant son tour avec patience, il y avait une vache !

Je suis allé voir de plus près.

« Vas-tu la vendre après que je t'ai consulté toi-même ? - Non, c'est elle qui est malade. Regarde. Elle a perdu une corne au cours d'une bagarre. Cela ne cicatrise pas. Si je ne peux pas la guérir, elle sera invendable. Ce que je voudrais, c'est que tu la soignes. Ensuite je l'abattrai et partagerai avec mes voisins, très contents de trouver de la viande fraîche près de chez eux et à un prix raisonnable. »

La plaie était purulente. Je l'ai nettoyée et désinfectée, ne sachant pas jusqu'où la racine de la corne pénétrait dans son crâne. Elle était calme, ne paraissait pas fiévreuse. Nous avons beaucoup discuté. J'exposais mon ignorance vétérinaire, ce qui surprenait le propriétaire, et nous avons fini par conclure qu'en plus des pansements désinfectants j'allais lui faire des piqûres d'antibiotiques pendant quelques jours. La décision était facile. Il y avait dans le stock de médicaments des flacons de pénicilline proches de la date de péremption. On pouvait sans difficulté attribuer à la vache 5 millions d'unités par jour pendant une semaine.

Mais c'était sans tenir compte de son cuir !

Mélange fait, les aiguilles se tordaient sur sa peau. Je choisis la plus grosse et la plus tranchante et piquai dans le cou, endroit qui paraissait le plus tendre. Là elle a fait un écart. L'aiguille pénétrait.

Les injections ont été faites tous les jours. Elle était la première servie, car elle venait de loin. La plaie s'améliorait.

Un jour je ne l'ai plus revue….

Le pèse bébés

J'ai cherché à établir un dispensaire dans le village de Tient pour y faire la consultation des nourrissons. Un atelier de couture serait adjoint. La maison de l'imam fut choisie. Elle était au centre du village et actuellement sans habitant, celui-ci ayant disparu.

Il fallait faire quelques travaux. Des fenêtres ont été fournies et placées par les matelots maçons pour éclairer la pièce de consultation et l'atelier.

Il fallait meubler et équiper.

Le bureau a été une grande caisse en bois, dont j'ai supprimé un des côtés et que j'ai recouverte de toile cirée jaune.

Je cherchais aussi un pèse-bébés et une machine à coudre.

Un crédit me fut accordé pour acheter le pèse-bébés, mais il fallait aller à Oran pour le choisir.

J'ai pu y aller avec une jeep de la SAS, un chauffeur et un garde du corps. C'était un légionnaire d'origine allemande, parlant un français chargé d'un accent rude et parfois incompréhensible. Il prenait sa mission très au sérieux. Moi, j'étais aux anges de faire un voyage en voiture décapotable et d'aller chercher cet appareil. La route entre Nemours et Oran est magnifique.

Arrivés à Nedroma, première difficulté. Un gendarme militaire nous arrêta. Pour lui, c'était trop bizarre de voir un militaire de la SAS, un légionnaire et un marin médecin.

Les questions ont duré. Nous lui disions bien que nous allions à Oran pour acheter un pèse-bébés. Il ne croyait même pas l'ordre de mission dont j'étais pourvu et qui le notait clairement.

La suite du voyage n'a vu aucun incident. Dans Oran, nous nous sommes perdus à la recherche du magasin qui vendait notre appareil. C'était une sorte de Galeries Lafayette, supermarché de l'époque, un peu gris et un peu triste. À l'entrée, il fallait montrer patte blanche. On craignait les attentats. Nous avons ouvert nos poches. Je n'étais pas armé, le chauffeur non plus, et le légionnaire accompagnant certainement pas !

Ouvrez votre sac, lui demanda ce gardien débonnaire. Il l'ouvrit et on vit au fond, comme seul contenu, un énorme pistolet, ressemblant à ceux des cow boys. Le légionnaire montait son sac pour le mettre bien sous le nez du gardien. Celui-ci eut un geste de recul. Il regarda fixement le légionnaire dans les yeux. Celui-ci le regardait de même. Au bout de quelques secondes très longues : passez, dit-il.

Nous sommes entrés et avons acheté notre pèse-bébés.

La maison devait abriter aussi un atelier de couture, destiné aux jeunes filles qui pourraient s'initier à des travaux manuels. Cet atelier serait tenu par Nouar Fatna, cette jeune fille qui m'avait servi d'infirmière et d'interprète pendant quelques semaines au début de mon séjour. Il fallait trouver une machine.

Ma sœur Marie Claire, dont le mari élève de l'ENA était en poste à la préfecture de Dijon, a pu trouver la machine à coudre à pédale de mes rêves. L'expédition n'a posé aucun problème. Les militaires sont nombreux à Dijon et ils se sont fait un plaisir d'envoyer la machine, bien emballée dans une grande et solide caisse, au 1° bataillon de la DBFM à Nemours.

Six mois, neuf mois, puis un an ont passé. J'écrivais, Marie Claire téléphonait. La caisse était partie, mais on ne trouvait plus sa trace. Puis un jour tout s'est débloqué. Il fallait venir chercher dans les vingt quatre heures une caisse en bois, étiquetée docteur Jean Bernard Joly, poste de Tient, DBFM à Nemours Algérie. La caisse est arrivée. La machine était en bon état. Le retard était dû au fait qu'une si grosse caisse avait été déviée, et du fait de sa taille et de sa solidité avait été rangée dans un parc à munitions à Oran. On ne l'avait retrouvée que quand la consommation des divers projectiles placés à côté d'elle, avait découvert sa présence....

Tout était installé. La caisse de la machine à coudre avait été transformée en bureau. Plusieurs consultations de nourrissons ont été faites. On se contentait de peser l'enfant le plus souvent habillé, de donner un peu de lait, de discuter alimentation. On a vacciné.

L'ouvroir fonctionnait. La machine à coudre a beaucoup servi aux élèves et aussi aux femmes du village.

J'avais imaginé aussi que ce local contiendrait un atelier d'enseignement de puériculture.

Pour cela, j'avais fait venir, grâce à mon oncle Charles de Chaisemartin, depuis les ateliers « Petit Colin » d'Etain près de Verdun, là où nous avons si joyeusement chassé les sangliers, deux poupées en celluloïd qui devaient servir de mannequin. Mais les habitudes d'emmaillotage en Algérie n'étaient pas les mêmes qu'en France. La pratique du bain des bébés n'était pas d'usage.

Je n'ai pas pu utiliser mes deux bébés mannequins.

Alors je me suis servi d'un d'entre eux comme d'une poupée. J'allais acheter des tissus à Nemours. Des femmes, amusées et intéressées par ma demande, ont confectionné des robes, des culottes, des bonnets, brodés et riches en couleurs.

J'ai pu la ramener. Elle figure tel un trésor dans la boîte en bois ayant autrefois contenu une poupée de ma mère. Quand mon fils André a vu naître une fille, je lui en ai fait cadeau.

J'ai fait une fête pour l'inauguration du dispensaire. J'avais payé deux moutons pour un méchoui et divers accessoires.

Mais le matin, drame. Les moutons avaient été libérés par mégarde de la bergerie. Ils étaient partis dans la montagne ! Le poste a prêté la jeep. On est partis vers Bou Kedama, au dessous du village, dans les pentes, là où il y a de bons pâturages. Ils y étaient. Il a fallu attraper nos deux candidats, et les remonter jusque sur le plateau. J'en avais un sur le dos. Un harki portait l'autre. Ils ont été cuits à temps. Ce fut une belle fête.

C'était pendant des fêtes comme celle-ci que Ahmed Hanifi jouait de la guitare. Il y en a eu d'autres à Tient : des mariages, des retours au pays. Pour se préparer l'inspiration, il fumait un peu de haschich. Il prenait alors un air rêveur inimitable. Il s'asseyait et jouait. Sa musique n'avait aucune référence à une partition écrite. Elle lui sortait de la tête et des doigts.

C'était toujours mélancolique, même dans les moments de grande joie. Il chantait en s'accompagnant. Personne ne comprenait les paroles. Son jeu pouvait durer des heures.

Quand la nuit arrivait, les bruits de la fête s'estompaient. Beaucoup étaient rentrés chez eux. Seuls restaient des gens de Tient.

Ils formaient un groupe autour du musicien, reprenaient avec lui des chansons.

L'obscurité, car il n'y avait d'autre lumière que celle de la lune, donnait aux visages une teinte douce, poétique et un peu nostalgique.

La guerre

Au cours des longues soirées passées au carré du poste, le soir, après le repas, en attendant la patrouille partie pendant la nuit en exploration ou en embuscade, Jean Lou Prache me parlait de la guerre. De ce qu'il avait appris au cours de son stage de formation avant son affectation à Tient.

La patrouille rentrait tard.

Il profitait de cette attente pour écrire sa lettre quotidienne à Marie Françoise, son épouse restée en France, que je ne connaissais pas encore.

Fatigué par ma journée, je partais dormir avant le retour et j'entendais parfois, à travers le premier sommeil, le bruit des pas du chef de la patrouille sur les graviers de la cour, allant faire son rapport au commandant.

J'écoutais attentivement Jean Lou parler, me souvenant des livres lus sur les guerres antérieures : 1914, 1940, dont les combats ne ressemblaient pas du tout à ce que les armées avaient dû faire pendant la guerre d'Indochine et celle-ci.

Au début, je pensais que les combats actuels n'avaient rien à voir avec une guerre. On les appelait alors « opérations de maintien de l'ordre », on ne parlait pas de guerre mais d'événements.

Cette façon de parler n'était en fait qu'un masque destiné à cacher le vrai conflit, celui qui opposait une partie de la population algérienne à la France. Il n'y avait certes pas ces affrontements gigantesques des guerres d'Europe, mais c'était bien une guerre.

La guerre subversive n'a rien de moins cruel que la guerre classique. Par certains côtés, elle est même plus dure, car ceux qui mènent les combats se battent avec une conviction totale. C'est la haine qui domine, mène les hommes et les pousse à conduire des actions cruellement et sauvagement réfléchies.

Le motif politique ne dominait pas toujours. Il y avait aussi la haine entre familles, et dans les familles, entre clans, entre régions, car la jalousie permettait, sous le couvert de la lutte pour l'indépendance, de régler nombre de conflits qui n'avaient rien à voir avec elle.

Une guerre de ce type implique toute la population. En ce sens, les Algériens engagés l'étaient totalement.

En France, les Français courants ne l'étaient pas. Seuls, ceux qui savaient quels étaient les enjeux pouvaient comprendre. Mais on ne les a pas crus, ici comme en Indochine.

La France n'avait qu'une envie : ne plus entendre parler de conflits.

Jean Lou Prache m'a appris ce qu'est l'infiltration des populations, la contrainte physique, financière, la punition par la mort, la nuit, au couteau, de ceux qui n'acceptaient pas, qui ne payaient pas.

Il m'a appris aussi que dans ce genre de conflit, les rebelles commençaient par exécuter les meilleurs, ceux qui pourraient être des décideurs, car ils représentaient les véritables opposants au système de société marxiste-léniniste, alors en pleine force en URSS et dans les satellites. C'est un système dans lequel le peuple est trompé par une apparence d'égalité, celle qu'on obtient en tuant les responsables, les dirigeants, ceux qui sont capables de mener, pour les remplacer par des fanatiques incapables et sectaires. Ceux-ci usent de tous les pouvoirs pour maintenir les populations sous le joug d'une économie dans laquelle ils sont entièrement asservis par un Etat tout puissant et sont complètement dépendants de lui.

Ainsi, aucune initiative individuelle n'est possible.

La plupart des officiers un peu âgés avaient combattu en Indochine. Certains d'entre eux avaient été prisonniers du Viet Minh et avaient subi l'endoctrinement marxiste. Ils savaient de quoi ils parlaient.

Si vous avez lu les mémoires d'Hélie Denoix de Saint Marc, vous aurez une idée assez précise de l'action d'un gouvernement marxiste sur une population de paysans.

J'écoutais avec attention, comprenant petit à petit la complexité de ce combat, dans lequel, pour augmenter la confusion, on mêlait le désir d'indépendance, l'opposition au système colonial alors en usage, l'idéologie marxiste et les affaires familiales ou tribales.

Jean Lou Prache connaissait les techniques de combat de cette guerre. Embuscades sur des chemins de communication régulièrement utilisés de part et d'autre. Recherche de renseignement par tous les moyens, y compris la torture. Sur ce point d'ailleurs, c'était bien des ordres du gouvernement français qui avaient permis la pratique de la torture au cours de la bataille d'Alger !

L'époque où la région de Nemours était parcourue par des katibas entières de fellaghas bien armés était terminée. Un certain nombre de combattants s'étaient ralliés ou étaient morts. Il ne restait plus que quelques individus épars, dont l'action guerrière n'était plus que le maintien de leur propre survie. On ne savait pas bien pourquoi ils restaient encore dans la clandestinité. Ils devaient se cacher. Allant de village en village, sans cesse en mouvement pour prévenir une trahison, ils devaient aussi trouver refuge dans la nature.

Le sol de la montagne était rempli de grottes naturelles. Certaines assez vastes pouvaient contenir des dizaines de combattants. Au 2° bataillon de la DBFM, il y avait une équipe particulièrement entraînée pour explorer les grottes et y mener combat. C'était Jean-Claude Degrémont qui la dirigeait. Cet homme charmant, réserviste, diplômé, cultivé, devait mener ses harkis jusqu'au fond de boyaux où souvent ils trouvaient des hommes se défendant au fusil ou à la grenade, sans souci de leur vie. Le premier homme de la file était très souvent un « Pim », prisonnier qui avait accepté ce rôle si dangereux en échange de la vie sauve. Il pouvait négocier une reddition, mais si le rebelle dans la grotte tirait, il était le premier mort.

D'autres grottes toutes petites n'étaient que des trous de quelques mètres de profondeur dans la terre. C'étaient les caches. Elles abritaient des hommes, des munitions, des vivres. De mois en mois, leur contenu s'appauvrissait : un homme ou deux, un vieux fusil, quelques grenades, un pistolet. C'était encore suffisant pour faire peur aux populations et à l'occasion, tuer.

D'autres caches étaient dans les maisons. Trou dans un mur dissimulant un abri, une réserve.

Les silos à grains ont aussi été utilisés. Il était d'usage, après la moisson, de conserver une partie du blé récolté dans des réserves creusées dans le sol bien sec de la cour de la ferme. Une pierre fermait l'orifice. De la terre bien tassée en augmentait l'étanchéité. Ainsi une famille pouvait voir venir une année de sécheresse avec assez de tranquillité. Les réserves permettaient de vivre entre un et trois ans.

Mais ces « matmoras », nom local de ces silos, sont devenues des caches idéales. On les a fait ouvrir et vider. Parfois même détruire. Le drame alimentaire n'a pas manqué de suivre. Je me souviens bien de la détresse des paysans me disant qu'ils n'avaient plus d'endroit pour conserver le peu de grains de leur récolte.

À l'aide de renseignements, l'armée pouvait savoir où se trouvait une cache habitée. Jean Lou Prache m'a averti. À l'approche d'une cache habitée, les rebelles, se sachant découverts, car ils savent que leur abri sera exploré, tentent de se défendre. Ils lancent au-dehors une grenade pour écarter les assaillants. « Si tu vois cela, commence d'abord par te coucher dans le moindre trou, car tu ne peux pas reconnaître au premier coup d'œil une grenade défensive d'une grenade offensive. La première est la plus redoutable, se fragmentant à l'explosion en une multitude d'éclats qui blessent ou tuent jusqu'à une distance de plusieurs dizaines de mètres. »

En m'apprenant cela, il m'a sauvé la vie.

Un jour, il y a eu une opération sur les pentes de la colline qui surplombe le village de Biayet, tout près de Beraoun. François Paul ratissait un terrain avec la harka de Tient. J'étais avec lui, car Jean Lou Prache était occupé ailleurs.

Un homme traînait par là avec son âne et deux sacs. Il fut arrêté, et comme il paraissait gêné, interrogé. Il n'a pas tardé d'avouer qu'il était chargé de ravitailler un petit groupe de fellaghas dont la cache était proche.

Nous avons continué à ratisser.

À un moment, je venais de franchir une ravine et reprenais pied sur la terre ferme, quand, d'un trou à deux mètres de moi, jaillit une grenade. Merci Jean Lou, je savais ce que je devais faire.

J'ai crié :

« Attention, une cache et une grenade ! »

J'ai réintégré la ravine que je venais de franchir, espérant que mon postérieur ne dépassait pas trop. La grenade a éclaté.

Aussitôt après, il y a eu autour de moi des coups de fusil, des décharges de mitraillette dans tous les sens. Les sifflements étaient bien perceptibles. Je ne pouvais pas savoir le déroulement exact de ce combat, car je n'avais aucun moyen de me déplacer. Vers l'amont, la ravine devenait de moins en mins profonde. Vers l'aval, je me situais dans l'axe des tirs.

J'entendais des gens marcher avec bruit sur le sol. Au bout d'un moment je me suis aperçu que ce que j'entendais c'était les bruits de mon cœur.

Les tirs se sont espacés et ont cessé. Je suis allé vers l'aval, là où je pourrais me tenir debout. Grande surprise. La ravine aboutissait dans une plus grande.

J'allais l'atteindre quand deux hommes passèrent en courant à quelques mètres devant moi. C'était évidemment deux fellaghas en fuite. J'étais le seul à les voir courir. Je n'étais armé que de ma sacoche de soins et de mon appareil de photos. J'ai pu appeler et signaler leur passage. On ne les a jamais retrouvés.

Revenant vers la cache, j'ai alors vu ce qu'était la détresse des hommes qui nous combattaient. Les harkis étaient rentrés dans le trou qui n'était que très peu profond et en avaient remonté deux cadavres.

Ces hommes étaient maigres, hâves, mal rasés, sales, vêtus de haillons. Ils n'avaient sur eux et à côté d'eux aucune arme.

Ils furent déchaussés, à moitié déshabillés, fouillés, pillés de leurs misérables objets personnels.

Je les ai examinés. Ils avaient tous les deux au milieu de la poitrine un trou entouré des granulations gris bleu de la poudre d'un coup de feu donné à bout portant.

Dans la cache, ils étaient quatre. Il y avait eu probablement discussion. Deux voulaient peut-être se rendre. Les deux autres les avaient tués avant de s'échapper.

La harka a été félicitée d'avoir mis deux fellaghas hors de combat.

Moi qui savais comment ils étaient morts, je les ai plaints.

Quelle guerre étrange !

Au cours d'une opération j'ai reçu l'aide secourable d'un prisonnier « Pim ».

La harka et la section du poste avaient reçu comme mission de contrôler le bord de la mer pendant que d'autres ratissaient le littoral. Le cap Riba est le prolongement d'une falaise élevée de plus de 50 mètres de haut, terrain instable, caillouteux et glaiseux. La présence de trous justifiait le « Pim ».

Nous avions peu de choses à faire.

Après un bain de mer, sous la protection de ceux qui ne voulaient pas se baigner et de foulards de reconnaissance en guise de maillot, nous avons reçu l'ordre de rejoindre les autres troupes….en haut de la falaise.

Nous avons grimpé en file indienne, nous accrochant aux touffes d'herbes et plaçant les pieds sur des corniches fragiles. Je n'en menais pas large. Portant le grade le plus élevé après le chef de file, j'étais le deuxième. Le Pim venait derrière moi.

A un moment, j'ai cru que je ne pourrais pas continuer. Mes pieds cherchaient désespérément à s'accrocher. Je sentais un tremblement m'envahir. J'imaginais la chute entraînant toute la section avec moi. C'est alors que j'ai perçu une assurance. Chaque fois que j'avançais un pied, il avait sous lui un appui. C'était le Pim qui, en plus de son équilibre propre, assurait mes pas avec une main.

Je l'ai chaleureusement remercié en haut de la grimpée. Nous avons échangé des mots et des sourires.

Le fusil

Le plateau de Tient était riche en gibier. Monsieur Bastide faisait de bonnes chasses quand il venait.

Je traversais ce plateau au moins une fois par semaine, pour aller soit vers Bou Ali, soit vers Aïn Zemmour. Il n'était pas de jour où le passage de la petite troupe, les marins d'escorte, la brel, Zennoun et moi, ne lève une compagnie de perdreaux, surtout dans les pentes broussailleuses et un peu cultivées en terrasses au dessus de l'oued avant d'arriver au village. On les entendait partir en un ronflement et un caquètement, par bandes de douzaines.

La chasse me tentait. Je m'en étais ouvert à François Filachou, qui a trouvé un fusil de chasse de calibre 16, destiné aux auto-défenses et non attribué. Il y avait avec quelques cartouches de petit plomb. Je partais ainsi en consultation mon fusil sur l'épaule, ou bien tout seul, l'escorte faisant trop de bruit. J'ai ramené quelques perdreaux et lièvres bien délicieux.

Mais quand les harkis m'accompagnaient pour aller dans un village, ils voulaient partager les plaisirs de la chasse. Le tir des oiseaux à la mitraillette Thomson ou au fusil de guerre n'a jamais été fructueux. En revanche, le bruit des coups de fusil et des rafales a été entendu depuis le PC de Beraoun. Aucun exercice de tir n'étant annoncé par le poste de Tient, il a fallu avouer que c'était le docteur qui était à la chasse. Le commandement a exigé que le fusil soit rendu. Ce que j'ai dû faire.

Quelques semaines plus tard, à l'occasion d'une opération sur les hauteurs au dessus de Sidi Mohamed el Guendouz, les harkis ont fait la trouvaille d'une arme dans un tas de cailloux.

La fouille des tas de cailloux était une tâche fastidieuse, mais elle présentait le grand intérêt de pouvoir ramasser suffisamment d'escargots bien secs pour cuisiner un fricot le soir, avec des tomates et des oignons dont nous remplissions nos poches au départ. Les harkis emportaient toujours une grosse gamelle pour cette cuisine. C'était meilleur que les horribles boîtes de pâtés F. M., contenues dans les paquets de rations de l'armée.

Dans un de ces tas de cailloux, il y avait un vieux fusil de chasse fabriqué à Tlemcen calibre 16 enveloppé dans un chiffon. Il était muni de chiens, sa crosse n'était pas pourrie et les trois pièces, crosse, canon et pontet bien que rouillées m'ont semblées réparables.

J'ai demandé qu'on ne le déclare pas comme saisie de guerre, et qu'on me le donne. Ce qui fut fait. Je l'ai caché dans mon paquetage et ramené au poste. La réparation m'a demandé de nombreuses semaines de travail. Enfin le fusil était presque remonté quand je me suis aperçu que la grosse vis qui bloque le verrou manquait. Elle existait au départ et avait dû tomber.

J'ai mis d'autres semaines à tamiser le sable au pied de l'établi, par rangées successives, après avoir prévenu tout le poste de ce que je cherchais ainsi, afin qu'on ne brouille pas les rangées de sable déjà triées. J'ai retrouvé la vis !

Le fusil enfin remonté a été essayé, bien ligoté sur un arbre, chargé de deux cartouches, une ficelle permettant d'appuyer sur les détentes. Il n'a pas explosé. J'en ai fait mon fusil de chasse. Quel bonheur de pouvoir arpenter les pentes de ces collines magnifiques, en sautant de terrasse en terrasse, à la recherche d'un lièvre ou d'une perdrix ! Comme je prévenais le poste des territoires de mes chasses, je n'ai jamais été inquiété.

Mais un jour, le poste a été réveillé en pleine nuit pour une opération surprise. Pas besoin de camion pour se rendre sur les lieux. Le terrain de ratissage était derrière la ferme Jaffar, entre elle et l'oued qui coule à Aïn Zemmour. À la demande de ce qu'on attendait de cette opération, le nouvel officier opérations du bataillon nous fit remarquer aigrement que c'était un peu scandaleux que des fellaghas se cachent si près d'un poste militaire.

J'ai suivi bien sûr.

Allant de l'un à l'autre pour bavarder, j'ai fini par comprendre. On m'a montré, sous le sceau du secret, des traces suspectes de pataugas, qui traversaient le plateau en dehors des pistes et des chemins. « Tu vois, ils ne se gênent même pas pour se balader sous les fenêtres de ton poste ! » Je ne savais que faire. J'avais reconnu le lieu d'une de mes chasses récentes.

J'ai pris cet officier à part et lui ai montré la similitude des empreintes et de celles de mes pataugas.

Je ne lui ai bien sûr pas dit que j'étais à la chasse.

Il m'a engueulé, me disant que c'était très dangereux de sortir ainsi tout seul. J'étais armé de mon pistolet. Un pistolet de toubib ? C'est enrayé de crasse ! La moutarde me montant au nez, je l'ai sorti et le lui ai montré. « Regarde ! Il est bien entretenu et il fonctionne bien. Et le tien ? » Il était sale et n'aurait certainement pas pu tirer un seul coup.

Je ne me suis pas fait un ami ce jour là, mais j'ai permis d'écourter l'opération et surtout j'ai gardé le secret de mon fusil.

Il est maintenant sur l'armoire chez moi, les deux canons obstrués par un bouchon par crainte de mes petits enfants.

Quand je le regarde, les montagnes, les odeurs des broussailles, le bruit du vent, le vol des oiseaux, et les voix de mes compagnons me remontent en mémoire.

Que c'est beau, la chasse dans le djebel !

Une embuscade

Je suis parti plusieurs fois avec la patrouille de nuit.

On me confiait une carabine américaine ou un fusil.

Il ne se passait rien. Nous marchions en file, moi derrière le chef de la patrouille, comme il se doit à celui qui a le rang le plus élevé.

Cette fois-là, c'était plus sérieux. Nous sommes partis en camion. Ces GMC datant de la guerre de 1945 faisaient un bruit épouvantable, car ils étaient souvent obligés de fonctionner avec toutes les roues motrices. Le rugissement du moteur et les divers grincements de la mécanique s'entendaient de loin. Il était impossible de voyager incognito de cette façon, les collines se renvoyaient des échos indiquant à tous qui nous étions et où nous allions.

Le camion s'est arrêté au bord de l'oued Tlata. Nous avons traversé à pied sec, en suivant la piste à un endroit où l'eau en déferlant ne monte jamais très haut. C'est un passage très dangereux. En effet, quand il y a un orage, parfois très loin de là, on ne le voit pas et on ne l'entend pas, mais l'eau arrive en furie, comme un mur liquide qui emporte les imprudents. Si l'oued s'appelle l'oued « Tlata », c'est en souvenir des trois (tlata) personnes qui ont été emportées.

Sans monter vers Hassi Bou Kouba, nous avons tourné vers le sud, en longeant la berge opposée. Ce fut assez long. Le ciel était noir, les étoiles donnaient seulement une légère clarté, la lune ne devant se lever que tard dans la nuit.

La mechta apparut. Pas grande, un seul bâtiment et une cour. Nous avons été répartis autour, de façon que si des rafales se déclenchaient, nous ne risquions pas de nous tirer dessus. J'étais avec le chef de la patrouille à mes côtés, allongé sur la terre encore chaude du jour, derrière un buisson de cactus qui nous permettait d'observer le secteur qui était sous notre surveillance.

Bien sûr, pas un mot, fusil ou mitraillette chargés sans bruit. Nous avions ordre de ne tirer qu'à une distance de moins de cinq mètres. Des heures ont passé. À un moment, j'ai vu, de loin, ce qui m'a semblé une silhouette se découpant sur le ciel noir. Mon voisin l'avait vue aussi. Elle ne s'est pas approchée. Nous ne voyions alors plus rien.

En se faisant reconnaître, un harki est venu près de nous. Il disait : « Il est rentré dans la maison en sautant le mur. Je n'étais pas bien placé pour tirer. »

Tous se sont levés et ont entouré la maison sans bruit. L'ouverture de la porte de la cour n'était pas un problème. Dans le bled, on ne met pas de cadenas. La cour était silencieuse et déserte.

Pas de fenêtre à la maison, on pouvait ouvrir la porte brusquement. Dans cette unique chambre, il y avait une dizaine de personnes, des femmes, des enfants, et dans le fond un homme qui restait sous les couvertures.

Les interrogatoires ont commencé. Pour les femmes, c'était facile : « Quel est ton nom ? Ces enfants sont-il les tiens, cette maison est-elle la tienne ? Que fais-tu ici ? »

Puis le tour de l'homme est venu. Il répondait calmement aux questions, et j'ai vu que cela était compliqué. Bien sûr, il était rentré la veille au soir après le travail des champs. Il était un habitant de la famille. Oui, oui, disaient les femmes.

Mais il était couvert de sueur, comme quelqu'un qui a fait un gros effort. De là à penser qu'il était le suspect qu'on avait vu sauter le mur, il n'y avait qu'un pas.

C'est alors qu'il dit : « Si j'ai chaud, c'est parce que je suis malade. J'ai la fièvre : « srana fih. » Je l'ai compris.

Notre chef de patrouille s'est alors penché vers moi : « Vous devez nous dire si cet homme est malade. Dans le cas contraire, nous l'emmenons. » Comme je me suis reproché d'être venu ! Comme j'ai regretté alors d'être médecin et qu'on me demande quelque chose qui était contraire à mes convictions de médecin : le sort de cet homme était entre mes mains. J'ai demandé qu'on me laisse l'examiner. Il me regardait avec de grands yeux, dans lesquels je voyais une angoisse indicible.

Disait-il vrai, disait-il faux ? Dans tous les cas, il avait peur.

J'ai pris tout mon temps pour pouvoir prendre calmement une décision. Il était trempé de sueur, son pouls battait à tout rompre. Peur ? Maladie ? Fatigue d'une grande course ?

Je lui ai dit de se rhabiller.

Puis, me tournant vers le chef de la patrouille, je lui ai dit qu'il était réellement malade, avec une très grosse fièvre qu'une course prolongée ne pouvait pas expliquer.

Je ne saurai jamais s'il a compris que mon devoir de médecin était de ne pas dénoncer.

Il a dit : « Bon. Nous ne saurons jamais comment un homme s'est introduit ici. Et au harki : peut-être t'es-tu trompé ? »

Le harki n'a pas répondu.

Nous sommes repartis aussi doucement que nous étions venus. Le rapport de la patrouille n'a pas fait état de cette rencontre.

La torture

Après 9 mois de séjour, j'avais obtenu une permission.

Avant de partir, j'avais demandé à prolonger mon séjour de neuf mois. Mon travail me plaisait, j'avais l'impression de faire quelque chose d'utile pour la santé des habitants de Tient et des alentours, et pour la reprise d'une entente entre la France et les Algériens.

Plein de mon sujet, des histoires locales, je m'attendais à être écouté. J'avais une grande quantité de photos que je souhaitais montrer. Là où on ne parlait que de combats, je pouvais faire voir l'autre côté, celui de la pacification.

Ma déception a été grande. À la maison, maman prêtait à peine l'oreille. Les sœurs étaient à leurs affaires scolaires ou universitaires.

Mes amis étaient en Algérie.

On m'a écouté avec la bienveillance bourgeoise des jeunes bien nourris, sans crainte du lendemain et ne se souciant que d'une chose : échapper à un départ en Algérie.

On ne parlait aussi que de la torture. Tout militaire revenant d'Algérie était censé y avoir contribué. Le fait, existant, avait envahi à un tel point les intelligences qu'on ne parlait que de cela.

Sur le terrain, la capture d'un rebelle pouvait faire penser qu'il y en avait d'autres dans le voisinage. L'urgence du renseignement a conduit à « serrer » les prisonniers. C'était des coups, et « le passage à la flotte et la triciti ». On appliquait sur le visage du prisonnier un linge mince. On mouillait ce linge avec un peu d'eau. Il s'ensuivait une humidité de l'air inspiré telle que l'homme ressentait une impression d'étouffement, comme une noyade, insupportable. C'était un moyen de torture « sur place ».

La triciti nécessitait l'emploi d'une génératrice d'appels téléphoniques à manivelle. Les électrodes étaient placées en divers points du corps, seins, organes génitaux, langue ; les tours de manivelle donnaient des décharges électriques.

Les harkis parlaient souvent de ces moyens d'obtenir un renseignement. Ralliés, ils les avaient pour la plupart eux-mêmes subis. Je n'ai jamais vu dans leur regard un plaisir quelconque de l'avoir administrée.

Alors, chez nous, à Tient, qu'en était-il ?

Les fellaghas n'étaient plus nombreux. Débris des katibas qui avaient été détruites dans les années précédentes, c'était de petits groupes, au maximum une dizaine d'hommes, armés de fusils de chasse ou de guerre, de grenades, de pistolets. Les munitions devenaient rares. Ils ressemblaient plus à des bandits qu'à des combattants. J'en revois un, capturé au cours d'une opération en haut des falaises surplombant la mer. Démasqué dans sa cache, un trou de quelques mètres de profondeur, il s'était rendu. C'était un pauvre homme, habillé de haillons, des espadrilles aux pieds, sale, affamé et hagard. On me l'avait amené parce qu'il s'était abîmé un pouce en recevant une grosse pierre. Le pansement fut vite fait. Il me disait son angoisse de la torture. Que pouvais-je lui dire ? Les soldats qui nous accompagnaient ce jour là n'étaient pas des marins. « Pourquoi vous occupez-vous de le soigner ? Il n'en a plus longtemps à vivre, là où il va aller ! »

On le conduirait au 1° bataillon, au service du renseignement à Nemours, on le questionnerait pour tenter d'obtenir des indications sur l'endroit où se trouvaient des compagnons possibles. Il serait torturé, peut-être jusqu'à la mort. Que pouvait apporter un seul individu, traqué dans la montagne, survivant seul et sans armes ? Rien.

La cellule de renseignement occupait une partie du QG, et les diverses formes de torture y étaient courantes. Une dénonciation suffisait. Un sergent algérien, célèbre dans les commandos, et probablement agent double, y avait été soumis et on racontait qu'au terme, il avait été jeté en mer ou bien avait été prié de s'éloigner du rivage à la nage. Accident.

Une autre fois, la compagnie servait de protection à une équipe de commandos. Nous étions assez loin, et n'avons entendu que quelques coups de feu, puis le silence et l'ordre de repli, la mission étant accomplie. On avait capturé un lieutenant de fellaghas, seul. Il avait combattu et était blessé assez gravement. Conduit à l'hôpital, les agents du renseignement l'avaient étendu sur la table d'opérations en lui promettant d'être opéré s'il parlait.

Le chirurgien était maintenu contre son gré dans la pièce à côté, pour l'opérer dès qu'il aurait parlé. Il n'a pas parlé. Il est mort sur cette table.

Le lendemain, le docteur B., chirurgien militaire, a demandé sa mutation. Je connaissais cet homme, technicien remarquable, capable de faire le tri d'un groupe de blessés avec humanité et efficacité. Cette situation lui a été insupportable. Il a bien fait.

En 2002, alors que je pensais déjà écrire, la question de la torture s'est posée à moi. Dans la presse française, parmi les intellectuels en vogue, on ne parlait de la guerre d'Algérie que comme une vaste entreprise de torture. Tout ancien combattant était suspect. D'où le silence de la plupart.

Si je voulais parler, je devais m'affranchir de cette question.

Nous avons fait, Marie et moi, le voyage de Toulon. Plaisir de revoir Jean Lou et Marie Françoise Prache, et pour moi, occasion d'interroger mon ancien commandant de compagnie. Il avait autorité sur d'autres postes que celui de Tient. Je savais qu'à Tient il ne s'était rien passé pendant mon séjour. Ailleurs, je ne savais pas.

Il m'a répondu derrière sa pipe, sans détour. Avant son arrivée, la torture, comme celle que j'ai décrite, était courante. On n'en avait jamais rien tiré. Dès son arrivée, il l'a interdite. Il a vérifié qu'aucun prisonnier ne soit torturé. Il a puni ceux qui ont outrepassé ses ordres.

J'étais libéré. La confiance que je lui avais faite pendant mon séjour pouvait durer. Je pouvais écrire, sans mentir et sans avoir à effacer des scènes que je réprouvais.

L'ALGÉRIE QUE J'AIME

François Filachou

Jean Lou Prache a quitté le poste de Tient en 1960. Il emmenait avec lui la section de matelots. Il restait la harka. François Paul partait avec lui.

Le nouveau commandant du poste a été François Filachou, qui commandait le poste de Hassi Bou Kouba, de l'autre côté de l'oued Tlata. Ce poste dépendait de la compagnie de Jean Lou Prache.

Je le connaissais un peu, car nous allions souvent déjeuner à Hassi Bou Kouba. C'était un lieu de réunion et de repos des officiers de la compagnie. Mes souvenirs sont ceux d'un poste en maisons traditionnelles, situé au sommet d'une colline dominant la mer. L'accueil était toujours chaleureux. Je pouvais échanger avec le docteur Choux, médecin du poste, on buvait du champagne, on bavardait. Les visites entre officiers des postes voisins les uns des autres étaient fréquentes, occasions de détente et de création d'amitiés.

Marc Callies commandait une harka au poste de commandement du bataillon à Beraoun. Il était souvent sollicité pour des affaires difficiles. Il avait de la difficulté à faire le tri entre les pensées de ses harkis, pas toujors très claires. Il en souffrait. Il venait souvent chez nous pour se distraire et pour y trouver une atmosphère plus calme et plus sereine.

Il y avait aussi Arnaud Dupuy d'Angeac et Jean Burkel. L'un officier de carrière, cultivé, fin, apprenant le chinois, l'autre, réserviste comme moi. Ils s'occupaient d'action psychologique auprès des populations. Nous avons passé de longues heures ensemble. Un jour, ils m'ont apporté en cadeau d'anniversaire un disque : « La jeune fille et la mort, de Schubert ». Nous l'écoutions souvent. Cette musique un peu sauvage, aux accents étranges et mystérieux, m'a tellement imprégné la mémoire, que quand je l'écoute maintenant, si longtemps après avoir quitté Tient, les images des paysages, des personnes, des marches dans la montagne, envahissent irrésistiblement ma tête de façon nostalgique.

La venue de François Filachou me consolait du départ de Jean Lou Prache, avec lequel les échanges avaient été tellement fructueux.

On sentait que la guerre se terminait. L'accent était mis résolument sur la pacification. François Filachou s'y est attelé avec passion.

Nous sommes allés plusieurs fois dans le village de Balhalla, le long de la route qui descend de Nedroma vers Nemours, pour aider à l'amélioration d'une source. Avec le temps elle s'était effondrée ; l'eau ne sortait plus qu'en un mince filet. Les vieux se souvenaient bien du temps où cette source était réputée pour son débit permanent pendant toute l'année et la qualité de l'eau. François Filachou a fait faire des travaux de consolidation, de perçage, avec la main d'œuvre des habitants et des matériaux venant de la DBFM. Le succès a été complet. Une cérémonie avec discours a clôturé les travaux. C'est là que j'ai reçu en cadeau les tablettes d'école coranique qui sont accrochées chez nous. On m'avait dit, en me les offrant :

« Chez toi, elles seront à l'abri. »

François Filachou a acheté un cheval, un petit cheval arabe, Sa robe claire était luisante. Il était très gai et aimait jouer à cache-cache avec son maître entre les maisons de la harka.

Malheureusement, il y eut un jour un accident. Le cheval tournait autour d'une maison dans un sens, François Filachou dans l'autre. Ils se sont rencontrés. Il y a eu choc, chute et cassure d'une clavicule, celle du cavalier. François Filachou a été évacué et son séjour algérien s'est terminé ainsi.

Je l'ai revu en 1978 ou 1980. J'étais à Angoulême et je fus chargé de l'inspection d'un laboratoire à Marseille. Je savais qu'il habitait dans la ville. Une recherche sur le minitel fut couronnée d'un succès immédiat.

Téléphone.

« C'est bien toi ?-Et toi ? Viens, je t'attends. »

Nous nous sommes retrouvés avec un grand plaisir. Il habitait alors une maison provençale ancienne entourée de platanes, sur les hauteurs de Marseille. Il travaillait encore dans une entreprise de travaux publics. Malheureusement, sa femme Jeanne avait eu un accident de voiture dû à un conducteur ivre. Après une longue période de coma, elle était consciente auprès de lui, mais dans un grand état dépressif.

Après cette première visite, nous sommes revenus, Marie et moi. Nous apportions dans notre sac une bouteille de vin d'Alsace, dont François nous avait fait cadeau au moment de notre mariage, en 1962 ! Nous l'avions gardée dans l'hypothèse d'un revoir. Nous la savions trop âgée, mais nous nous étions bien promis de ne la boire qu'avec lui.

Nous voici dans le salon. J'ai placé la bouteille sur la table et un bon rire l'a accueillie. Leur fils était là. Il nous disait qu'il allait sortir au cinéma avec sa sœur. Un silence a suivi quand il a appris l'âge de la bouteille et la raison de sa présence.

Nous restons la boire avec vous !

Le vin n'avait plus qu'une saveur caramélisée, il était comme on dit : imbuvable, mais pas pour nous. Ce n'était plus du vin d'Alsace, il y avait tant de souvenirs, c'était un élixir d'amitié.

Et François s'est mis à parler. Te souviens-tu de mon cheval ? Je répondis que oui, mais que je ne savais pas ce qu'il était devenu après son départ précipité. Il me dit que lui non plus. Et voici l'événement. L'année précédant notre première rencontre à Marseille, il apprit qu'un lot de chevaux de boucherie venait de débarquer d'Algérie pour être vendus et abattus.

Pourquoi est-il allé les voir ? Il ne pensait pas du tout à son cheval de Tient. Il y avait un grand parc rempli de chevaux, en assez piteux état il est vrai. Sans penser à rien, il se mit à fredonner une chanson dont il se servait souvent à Tient pour appeler son cheval.

Et voici la surprise. Un de ces nombreux animaux leva la tête, dressa les oreilles, hennit et trotta vers lui, venant frotter son museau sur son épaule et lui faisant mille témoignages d'affection. C'était son cheval lui-même. Il fut ému aux larmes.

Sans plus attendre, le marchand fut trouvé. Il lui vendit l'animal séance tenante, ému lui aussi des retrouvailles si extraordinaires d'un homme et d'un cheval, après près de dix-sept ans de séparation.

Le cheval est mort l'année suivante.

Il était trop vieux pour être encore monté, mais il faisait encore la joie de son propriétaire et ils étaient heureux.

À Oran avec papa

Mon père avait très mal ressenti mon départ volontaire en Algérie. Il avait tout fait pour que mon service militaire se passe loin de ce conflit. Il pensait que ses démarches pour mon incorporation dans la Marine m'en éloigneraient.

J'avais pensé de façon différente. Nous en avions longuement parlé. Ses arguments étaient bons. Allant en Algérie je risquais de retarder ma progression professionnelle. C'est d'ailleurs ce qui s'est passé. Il m'a fallu un an pour récupérer les habitudes de vie et de travail d'un interne des hôpitaux de Paris.

Mes arguments étaient plus instinctifs que raisonnés. De toute façon, les jeunes incorporés dans la Marine étaient envoyés pendant 9 mois en Algérie. Les collègues incorporés avec moi avec faveur y sont allés eux aussi.

Je me trouvais bien à Tient. Le travail qui m'était confié me plaisait. Il correspondait à mes intentions quand j'avais décidé de partir. Les commandants du poste, Jean Lou Prache, puis François Filachou, m'encourageaient et m'aidaient à trouver des solutions aux nombreux problèmes médicaux qui se posaient. De mon côté, la connaissance que j'avais acquise de la population du voisinage et ainsi des querelles entre familles souvent à l'origine de conflits armés, me permettait de leur fournir des renseignements utiles évitant la plupart du temps des opérations punitives.

Au cours des consultations au poste, et pendant les soins donnés dans les villages, j'apprenais chaque jour un peu plus ce qu'était la pauvreté de la population rurale de l'Oranie ; les manquements de la France à l'éducation et aux soins de la population ; la demande ardente de sortir de cette situation dont la plupart des gens ressentaient amèrement l'injustice.

Alors j'ai demandé à prolonger mon séjour. J'ai eu droit à une permission de dix sept jours en juin 1960 qui m'a ramené dans ma famille et dans la vie française.

Ce que j'y ai vu m'a conforté dans mon intention. Mes parents étaient intéressés par tout ce que je racontais de ma vie à Tient, de la vie dans les villages. Mais ils considéraient que tout cela n'avait pas d'importance en face de ma vie professionnelle qui s'annonçait.

Pendant mon deuxième séjour, j'ai eu l'occasion de rentrer. Je ne l'ai pas fait.

Papa, qui dirigeait une usine filiale de celle de Levallois à Mostaganem m'a fait savoir qu'il allait la visiter. C'était une bonne occasion pour nous rencontrer. On m'a permis d'aller à Oran quelques jours.

C'est au cours de ce voyage que je me suis aperçu pour la première fois combien, à Tient, j'étais hors du temps. J'avais pris le petit bateau qui faisait la navette entre Nemours et Oran. La traversée était un peu agitée. L'officier marinier qui commandait cette liaison maritime était plein d'égards pour moi en me proposant de descendre dans le carré. Mais là cela sentait le gasoil. C'était chaud et enfermé. J'ai préféré faire le voyage à côté de lui sur la passerelle. J'ai rencontré sur ce bateau le matelot maître d'hôtel qui nous avait servi pendant de longs mois à Tient. Il avait voulu quitter le poste parce qu'il s'y trouvait enfermé entre la cuisine, le ménage et le service des deux officiers que nous étions. Il voulait voir du pays. Pauvre garçon. Il se plaignait maintenant encore plus sur ce bateau. Il y manquait d'air et avait le mal de mer à chaque traversée.

À mon arrivée, après mon débarquement, je suis parti en ville avec mon petit bagage pour chercher l'hôtel où mon père m'avait donné rendez-vous. Du port au centre ville, il faut monter une longue rampe d'où on peut admirer une partie de la ville.

J'étais en vacances. L'air était bon, j'étais bien.

Arrivé sur la place devant la mairie, les choses se sont compliquées. Il y avait peu de voitures, mais suffisamment pour boucher un peu la circulation autour du parterre de fleurs situé au milieu de la place. Alors, me voilà sur le bord du trottoir, avec mon sac, ne sachant pas comment traverser. Il n'y avait pas de feux. Les voitures passaient de façon continue sans s'arrêter. J'étais là depuis quelques minutes, dans mon costume d'officier de fusilier marin, avec la casquette, les galons brodés de velours rouge, la fourragère de la Légion d'Honneur du régiment autour de l'épaule, quand je sentis une main toucher la mienne.

C'était une vieille femme algérienne, toute ridée, enveloppée dans ses multiples tissus de toutes les couleurs. Nous nous dîmes bonjour. « Tu veux traverser ? me dit-elle - Oui répondis-je, intimidé par la hardiesse de cette vieille. - Donne-moi la main. » Elle pris ma main et elle m'a conduit de l'autre côté de la rue. Ce devait être un drôle de spectacle, ce jeune officier conduit par une vieille pour traverser !

Personne n'a fait aucune remarque, l'honneur était sauf.

De l'autre côté de la rue, la conversation continuait.

« Où vas-tu ? Je le lui dis. Viens avec moi »

Elle m'a mené jusqu'à l'autobus, a indiqué au chauffeur l'arrêt où il devait me déposer. Puis elle a disparu. J'ai compris combien ce séjour pendant tant de mois loin de la ville m'avait changé. J'étais devenu moi aussi un habitant de la campagne algérienne, ne sachant pas, ne sachant plus circuler à pied dans une ville.

Papa a tout fait pour me persuader de rentrer dès que possible. En réponse, je lui ai raconté comme à personne toute ma vie au poste et l'intérêt que j'y trouvais.

J'aimais les habitants des villages que je visitais. J'apprenais à respecter leur mode de vie, tellement bien adapté au climat et aux ressources. J'admirais leur ténacité au travail de la terre. Départ dès la pointe du jour, l'araire sur le dos, l'âne et la mule marchant derrière. Souvent la femme venait aussi, prêtant main forte aux animaux et à l'homme, car la terre était dure. Les labours avec l'araire grattent à peine le sol mais respectent la mince couche de terre arable, empêchant que les grosses pluies ravinent et emmènent vers l'oued la source de la récolte. C'est un labour très dur pour l'homme car il faut appuyer fort sur les mancherons pour pénétrer la terre.

Les cultures en terrasses, à peine larges de quelques mètres, exigeaient de porter les outils en gravissant les pentes. Vers midi, il était temps d'arrêter, bêtes et gens étaient épuisés et le soleil commençait à frapper fort.

Les moissons étaient toujours un temps joyeux. Dans ces terres collinaires, la faucille était seule possible. La main gauche saisissant quelques tiges, la droite coupant au ras du sol. Les gerbes portées aussitôt sur la charrette. J'ai essayé. Après quelques minutes, malgré ma bonne forme physique mon dos criait grâce. C'est trop bas !

Les battages suivaient aussitôt la moisson. Pas de meules. Les épis étalés sur l'aire bien aplanie, voisine de la maison, les animaux tournant indéfiniment en tirant une sorte de herse qui hachait la paille et divisait les épis.

Pas besoin d'attendre l'arrivée d'une brise pour venter. C'était le travail des femmes. Les fourchées s'envolaient. On voyait bien les grains tomber au plus près et la paille aller plus loin en un tas léger.

On m'avait dit que les arabes étaient des gens paresseux, passant leur temps assis à l'ombre de la maison, ou bavardant indéfiniment autour d'une tasse de café. Il est vrai que ces bavardages, auxquels j'ai eu l'occasion de participer, étaient un temps non compté. Il y passait les souvenirs ; des guerres précédentes, jamais de celle-ci ; des années antérieures, des histoires familiales, des légendes. Pas de paresse. S'asseoir le dos au mur, les coudes sur les genoux, les deux mains pendantes, est une attitude très reposante après une matinée d'efforts dans les champs.

J'ai aimé les enfants aux yeux bruns, rieurs et espiègles, jouant au ballon pieds nus avec une balle de chiffons, les fillettes sautant à la corde, jouant à la poupée.

Jeux de tous les enfants du monde.

C'étaient eux qui étaient le plus souvent malades. Il fait froid la nuit dans la mechta, même quand la porte est bien fermée, sous la couverture commune. Il fait encore plus froid quand il faut se lever le matin au petit jour, quand la mère est déjà dehors à faire chauffer le café. Il fait froid pour aller sur les chemins accompagner dans la recherche de bois ou pour aller au marché. Les infections respiratoires étaient fréquentes et parfois graves.

Heureusement j'avais une réserve d'antibiotiques destinée à ces soins. Les diarrhées infantiles tuaient les enfants parfois même avant qu'ils ne parviennent au poste. J'en ai sauvé un certain nombre avec l'injection de sérum sous la peau du ventre. On ne connaissait pas encore à l'époque la perfusion veineuse.

Les rachitismes étaient nombreux, les enfants étant protégés du soleil considéré comme l'ennemi.

Les femmes se plaignaient de douleurs. « Koulchi oujani. » J'ai mal partout. Je n'ai appris que plus tard qu'il s'agissait des décalcifications de la ménopause et que de la vitamine D à haute dose pouvait les guérir.

J'ai aimé les habitants de mon village de Tient, non pas avec la condescendance destinée à des personnes de classe inférieure, mais comme des gens qui, démunis de tout, recherchaient ce que je pouvais parfois apporter pour améliorer leurs conditions de vie.

Je les ai aimés comme des frères, des délaissés.

Quelle chance j'avais d'être né en France dans un foyer aimant !

Comment était-il possible que pendant tant d'années la France ne leur ait pas apporté un mieux vivre ? Certains villages n'avaient jamais vu de médecin. Ils ne savaient même pas à quoi cela pouvait servir. Au village de Sidi Mohamed el Guendouz, un des plus pauvres que j'aie visité, la consultation avait lieu dans la mechta d'un couple très âgé. La première fois, la vieille était couchée, elle gémissait, se plaignant de l'estomac. Le vieux me prit à part. Il me questionnait : « Que peuvent tes soins pour elle ? Vois, elle est très vieille. Elle ne me sert plus à rien. Mieux vaudrait la supprimer. Peux-tu me rendre ce service ? »

Après avoir examiné la femme et grondé le mari, je donnai un traitement, en expliquant comment il fallait l'administrer et en menaçant un peu. Bien que réticent, le vieux m'a cru. La semaine suivante, la vieille était debout et pour montrer sa santé recouvrée, elle s'est occupée elle-même de faire bouillir les seringues dans une vieille gamelle. Ensuite, elle m'a montré son four à pain et nous avons mangé une bonne galette.

A chaque visite, leur joie de vivre faisait plaisir à voir.

Petit à petit, une éducation sanitaire s'est faite. Les tétanos ombilicaux des nouveau-nés ont disparu. Je confiais aux accoucheuses traditionnelles un petit flacon d'alcool iodé avec lequel elles devaient imbiber la ligature appliquée sur le cordon.

J'ai aimé aussi comme on peut aimer des personnes réduites à un état d'infériorité sociale et politique. Les villageois étaient à peine considérés comme des hommes. À fortiori comme des citoyens. Leur vie, leur mort, n'avaient pas d'importance. L'état civil n'était pas pour eux. Leur carte d'identité mentionnait : « indigène ». Seul l'assassinat ou la mort violente au cours d'un combat était reconnue.

J'ai aimé aussi mon travail car il me changeait de la médecine que j'avais exercée jusque là. Je regrette seulement de ne pas avoir été formé à la pratique de cette médecine mi-foraine, mi-ambulatoire, fondée sur les symptômes.

Je savais que jamais plus dans ma carrière je ne ferais ce travail là. Il fallait profiter de ce temps, de l'enseignement que je pouvais en tirer.

Et puis, cette période était un temps de vacances. Après la préparation des concours, avant le travail d'interne, l'aventure algérienne avait ses attraits.

J'ai quitté papa avec un serrement de cœur, sachant combien je lui avais fait de la peine.

Mais c'était ma vie.

Le retour en France

Au début de l'année 1961, un choix s'est présenté.

On me proposait de continuer de travailler au poste de Tient, j'ai répondu que je rentrais.

Il y avait pourtant encore du temps avant ma libération du service militaire qui interviendrait vers le mois de septembre, un peu avant la prise de fonctions d'interne à Brévannes, chez le professeur Gerbeaux.

Beaucoup de choses changeaient.

François Filachou venait de partir en urgence après sa fracture de la clavicule. Il aurait pu rester, continuer de commander avec un bras en écharpe. Il a disparu comme cela, brusquement. Je ne sais même plus le nom de celui qui l'a remplacé. Je crois que c'était un officier marinier. J'étais seul dans le carré. C'est curieux comme le souvenir s'efface. S'il y a eu un remplaçant, je n'ai pas eu avec lui des relations amicales permettant le dialogue.

Au bataillon, je n'avais plus d'amis. Jean Burkel et son collègue Dupuy d'Angeac étaient eux aussi partis.

Un silence gênant s'installait. On parlait de la politique de préparation de l'indépendance. Cela aurait dû me plaire, eh bien non ! Car on voyait se dessiner non pas une indépendance aidée, mais une sorte de fuite.

Pourtant, l'armée française avait gagné la bataille. Il n'y avait plus sur le territoire de l'Algérie que quelques isolés continuant à combattre, mais dans un état misérable autant pour leur vie de tous les jours que pour l'armement.

De chaque côté de la frontière, les « vainqueurs » attendaient d'envahir le pays et d'y faire régner la loi du marxisme, sans jamais s'être battus pour la gagner.

Autrement dit, je voyais avec anxiété apparaître l'hypothèse de l'indépendance avec abandon de la France, que le général de Gaulle exposait dans son discours du 17 septembre 1959.

Les habitants des villages que je visitais toujours avaient bien senti cette évolution. Malgré les interdictions, chacun avait son transistor et écoutait les nouvelles. J'étais parfois averti avant l'officiel.

Cette évolution les entraînait dans un climat de crainte. Pas de joie. Pas de triomphe, une angoisse de l'avenir. On m'interrogeait :

Vas-tu partir ? Que deiendrons-nous ? Ils ne craignaient pas seulement le départ du médecin, mais celui de l'ami, du soutien dans les périodes difficiles des querelles pour lesquelles il fallait tenter d'éviter la transformation d'un évènement local en une affaire de guerre.

Ils savaient comme moi qu'après le départ de l'armée française, les vengeances allaient se déclencher, apportant une nouvelle série de malheurs.

« Reste ! Nous t'avons trouvé une maison dans le village de Tient. Viens la voir. » Elle était bien située, avec une cour et des chambres. Construite en terre, elle pouvait résister aux grosses chaleurs.

« Nous t'aiderons à l'aménager. Reste ! Nous t'avons trouvé une épouse. Elle est sage, bonne ménagère. Elle habite à Dar Ben Aïch. » Je l'ai vue plusieurs fois, passant la tête au dessus d'un mur. Je crois même en avoir fait la photo.

Il a été difficile de faire comprendre que mon installation future comme médecin à Tient n'était qu'un rêve. Je savais cependant que quand je serai parti, il faudrait des années avant qu'une médecine accessible revienne dans mes villages.

Car Tient était devenu « mon village ».

Un peu avant de partir, je suis allé dire au revoir aux diverses personnes que je connaissais. Je suis allé faire le tour de tous les villages où j'avais une consultation avancée. Ce tour, je l'ai fait seul, sans escorte, car je pensais que mon départ et mes adieux étaient une affaire personnelle. J'ai expliqué ce que j'allais faire ensuite, terminer mon service militaire et exercer la médecine en France. Combien ai-je bu de cafés, combien de paroles, parfois des pleurs. J'avais moi-même souvent l'inquiétude de me voir pleurer.

Je suis allé aussi rencontrer le commandant de la DBFM à Nemours. Ce commandant était un homme aimable. Il m'a écouté parler pendant peut-être une heure.

Qu'est-ce qui m'a pris ?

Je lui ai dit mon désespoir de voir que tout ce que nous avions fait en faveur d'une bonne entente entre Français et Algériens allait être détruit.

Mon immense regret de voir que petit à petit, la Marine se retirait d'un engagement de paix dans lequel on nous avait demandé d'investir tous nos efforts pendant plusieurs années.

De voir qu'on allait abandonner ces Algériens qui nous avaient fait confiance et les laisser aux mains de factions dont la haine était le moteur et le marxisme la loi.

Dans mon discours, les paroles devenaient de plus en plus des reproches.

Il ne disait rien.

Au bout d'un long moment, il m'a dit au revoir, me souhaitant une bonne fin de service militaire et une vie heureuse par la suite.

En sortant de son bureau, je m'attendais à être encadré par des gendarmes maritimes qui m'auraient enfermé pendant quelques jours pour m'infliger une punition.

Je n'avais pas été très respectueux de la hiérarchie.

Il n'en a rien été.

Je ne l'ai pas revu.

Cinquante ans ont passé. La réflexion est venue. Qui avais-je critiqué, agressé, peut-être blessé dans ses convictions ?

Lui ou moi ?

Je pense maintenant que c'est moi.

Les reproches, c'était à moi que je les adressais !

C'était bien moi qui partais !

C'était bien moi qui laissais les populations de Tient sans médecin !

C'était bien moi qui craignais une autre vie politique pour l'Algérie !

Je ne crois pas que je regrettais l'Algérie Française. J'étais suffisamment instruit de la vie des Algériens pour savoir qu'ils n'étaient pas Français.

Mais j'imaginais qu'après l'indépendance, une liaison aurait pu se faire permettant la poursuite d'une aide au développement que, avec d'autres, j'avais contribué à démarrer.

Je suis rentré heureusement avant le putsch de mai 1961.

Je dis heureusement, car un certain nombre d'officiers qui pensaient comme moi ont pris le parti de l'Algérie Française et ont été conduits dans des actions de révolte sans succès et sans avenir.

Même le commandant de la DBFM, auquel j'avais cru, en exposant mes critiques, n'exprimer qu'une position qui était la mienne, a été puni.

Quel gâchis d'hommes, de bonnes volontés, de vies !

Si j'étais resté, qu'aurais-je fait, quel parti aurais-je pris ?

Me serais-je laissé entraîner dans des manifestations en faveur de l'Algérie Française ? C'est possible. Je l'aurais fait par amour pour les gens que j'avais connus, soignés, accompagnés dans leur vie pendant presque deux ans, et que je savais devoir plonger dans des drames encore plus grands que ceux qu'ils avaient subi pendant la guerre d'indépendance.

La veille de mon départ, les paquets étaient bouclés, j'avais rendu mon arme, la caisse de souvenirs était déjà partie. J'ai demandé à être conduit en jeep au village car il n'y avait plus beaucoup de temps.

Les enfants jouaient autour du marabout, comme d'habitude, car le terrain est un peu plat. J'ai avisé une jeune fille que je connaissais et lui ai demandé d'aller prendre pour moi dans l'intérieur du marabout un peu de terre, de la mettre dans une boîte d'allumettes que j'avais préparée, et de me la donner.

« Pourquoi, me demanda-t-elle - Je m'en vais et je veux garder un souvenir de ce village, de vous tous, de cette terre, que j'ai aimés. »

Elle me l'a donnée.

J'ai appris beaucoup de choses à Tient.

J'ai vu et cotoyé la pauvreté du sous- développement. Je n'en ai tiré aucune culpabilité, ni pour moi ni pour ceux qui m'ont précédés. Ils étaient aveuglés par leur éducation et par les habitudes relationnelles qui ne s'appliquaient pas seulement aux populations coloniales, mais aussi en France. C'est là que j'ai appris qu'il n'était pas possible de rester silencieux et que les connaissances médicales que j'allais acquérir devaient être partagées avec ceux qui en avaient le plus besoin.

Pendant trente quatre ans j'ai ensuite exercé la médecine hospitalière. D'abord au cours de l'internat orienté essentiellement en pédiatrie, puis au Centre de Réanimation de l'hôpital Saint Vincent de Paul et enfin à Angoulême.

Avec Marie, grâce à Marie, l'orientation de notre vie vers l'aide aux enfants dans les pays en développement a été réfléchie. J'avais toutes les capacités d'adapter mes connaissances aux conditions de vie des habitants de ces pays.

Leïla est venue. Sa présence rappelait l'orientation prise.

Neuf ans après sa mort, nous avons pu prendre notre décision et créer la Fondation Leïla Fodil.

Le chemin précédent n'en était que la préparation.

Merci

Je remercie tous ceux que j'ai pu côtoyer pendant les dix huit mois de mon service militaire que j'ai passés à Tient.

Jean Lou Prache qui m'a commandé et dirigé, et que j'ai continué à rencontrer comme un ami sincère jusqu'à sa mort.

François Filachou qui lui a succédé.

Tous les autres dont il n'est pas possible de citer les noms, mais dont les visages sont présents à ma mémoire.

Marie a connu l'Algérie avant d'accueillir Leïla en écoutant avec une grande patience ce que je lui ai raconté de mon séjour algérien ; mes histoires, mes joies, mes regrets, mes déceptions. Dès avant notre mariage, elle avait fait sienne l'idée de donner une partie de notre temps aux enfants défavorisés du tiers monde.

Le mariage qui nous a unis en 1962 a été le début d'un amour qui ne faiblit pas.

En accueillant Leïla chez nous et en l'entourant de ses soins et de son attention, elle a donné l'exemple à nos enfants d'un dévouement aimant, confiant, fidèle et désintéressé.

C'est cet amour qui nous guide encore maintenant après 53 ans de partage.

Elle m'a écouté, conseillé pour la préparation et la rédaction de ce texte.

Maintenant je comprends mieux l'opposition de mes parents à ma décision de servir en Algérie. Ce n'était qu'une manifestation d'amour. Papa n'a pas connu Leïla. Je suis sûr qu'il aurait accepté sa présence et qu'il aurait alors partagé nos idées.

Après sa mort, maman a bien compris notre engagement et la création de la Fondation Leïla Fodil.

Mes enfants, en partageant les joies et les peines du séjour de Leïla parmi nous, à la lumière des évènements que nous avons vécus, se sont forgé une capacité nouvelle d'observation du monde.

Les médecins et les infirmières de mon service de pédiatrie à Angoulême, m'ont eux aussi aidé à faire maintenant ce que crois bon :

Animer avec Marie la Fondation Leïla Fodil.

Leïla

L'ALGÉRIE QUE J'AIME

Le poste de Tient et le village

À Tient

**Jeanlou Prache
Commandant la compagnie de Tient**

François Filachou

François Paul

Marc Callies

Ahmed Hanifi

La Fondation Leïla Fodil

La Fondation Leïla Fodil est née bien plus tard, en 1992, mais l'idée de consacrer une partie de notre vie active aux enfants pauvres des pays en développement était dans nos têtes depuis les premières années de notre mariage.

Mon passage en Algérie comme médecin m'avait fait prendre conscience de la nécessité d'aider les enfants dans les pays moins riches que le nôtre. Marie partageait ce désir.

Je ne suis pas resté en Algérie comme coopérant.

J'aurais pu le faire. Un certain nombre de médecins ont commencé une carrière d'aide au tiers monde par leur service militaire et ils ont continué sur place dans le service de la coopération française.

Mes connaissances médicales étaient encore très superficielles, car je n'avais pas effectué la formation de quatre ans d'interne des hôpitaux de Paris. Je n'imaginais pas m'engager sans avoir acquis une compétence et une expérience moderne solides.

Après notre mariage, nous avons créé notre famille. Agnès, puis Isabelle et André ont rempli notre foyer de leur présence, avec la nécessité d'avoir auprès d'eux un père et une mère.

Après l'internat, orienté surtout en pédiatrie, j'ai passé sept ans au Centre de Réanimation Infantile de l'hôpital Saint Vincent de Paul à Paris, avec Gilbert Huault comme guide, et le professeur Stéphane Thieffry comme patron.

Malgré ma participation passionnée aux soins et à la recherche dans ce service, aucun avenir ne s'y est pas dessiné.

La direction du service de pédiatrie d'Angoulême a été ensuite une excellente expérience. Je l'ai d'abord créé et équipé dans un local un peu provisoire, dont le bon aménagement, grâce à la compréhension du direteur de l'hôpital, a permis de faire connaître aux Charentais la pédiatrie moderne. Puis ce service a été installé dans un nouvel hôpital. Mon équipe s'était étoffée et fonctionnait efficacement.

Trois événements se sont présentés en même temps.

D'abord la venue de Leïla. Nous l'avons vécue comme un message d'amour.

Ensuite, le jumelage de la ville d'Angoulême avec celle de Ségou au Mali. J'ai participé à la visite d'exploration au mois de novembre 1983 et aux travaux du comité des jumelages d'Angoulême pendant quelques années.

Enfin le début d'une action d'enseignement des soins aux nouveau-nés au Viêt Nam, avec l'association L'APPEL.

Ma présence en Algérie m'avait rendu capable d'aimer et de comprendre les personnes avec lesquelles je commençais à travailler au Viêt Nam, en Algérie et au Mali.

Je menais ce travail d'aide au développement de façon parallèle avec celui de mon service. Mais mon cœur se déplaçait progressivement et cette activité me prenait de plus en plus de temps.

Marie a suivi une formation à la planification familiale naturelle au CLER à Paris. Nous savions, elle et moi, qu'une autre période de notre vie allait commencer.

Au décès de mon oncle Philippe Joly, suivi de peu de celui de mon père, l'application des héritages nous a mis en possession d'une certaine fortune. Il y avait dans les biens de mon oncle, un immeuble que mes sœurs ont souhaité vendre. Nous avons consacré notre part à la constitution du fonds nécessaire à la création d'une Fondation reconnue d'utilité publique dont l'objectif a été défini :

Aide à la santé des enfants dans les pays en développement.

Nos enfants ont suggéré que son nom soit celui de Leïla.

En décembre 1992, la « Fondation Leïla Fodil » était créée.

Je n'avais plus qu'à demander à bénéficier de la retraite à soixante ans et à la faire fonctionner.

Depuis 1994, Marie et moi y consacrons toute notre attention et une grande partie de notre temps.

Si vous souhaitez en savoir plus, consultez le site Web, créé et entretenu par notre fils André : www.fondationleilafodil.org

À Saïda Aout 1985

Notre cœur était gros d'avoir vu mourir Leïla en février de cette année. Nous avons voulu, Marie et moi, aller rencontrer sa famille à Saïda et prier sur sa tombe.

Senouci nous attendait à l'aéroport d'Oran. Il avait la voiture de Kader et nous sommes partis aussitôt pour Saïda.

Au mois d'août, la chaleur dans la montée vers le plateau central de l'Algérie est intense. La végétation était grillée. Nous roulions fenêtres ouvertes et on sentait des bouffées chaudes rentrer, apportant parfois le parfum des quelques bosquets de garrigue.

Mascara, puis Saïda.

Nous avons découvert la maison familiale du 13 rue Moulay Mustapha. Il était 16 heures. Nous arrivions en retard, le repas prêt pour midi nous attendait. C'était une épaule de mouton grillée. Nous avons goûté, fatigués à l'extrême par l'air chaud.

Senouci a dit : « Allons aux eaux chaudes de Hammam Rabbi. Cela nous fera du bien. »

Ce devait être autrefois un établissement de bains assez luxueux, mais maintenant il ne restait plus que des salles munies de baignoires comme des cuves, dans lesquelles l'eau chaude issue du sol coulait en permanence. Se tremper dedans a été un délassement complet.

A la sortie, devant l'établissement, il y avait un restaurant et nous avons bu un pot.

Alors, Senouci a parlé.

« Oui, je suis le père de Leïla. Je croyais que vous l'aviez compris depuis longtemps, c'est pourquoi j'ai crié si fort dans le téléphone quand vous m'avez appelé pour m'annoncer la mort prochaine de ma fille. »

Nous avons répondu que nous avions fait confiance, que la photo de la femme présentée comme la maman de Leïla nous avait semblée ne pas correspondre. Mais que le problème à l'époque n'étant pas celui de la filiation mais celui d'un traitement court qui devait la ramener chez elle, nous n'avions pas cru bon de fouiller plus profondément. D'ailleurs, quand Kader, le frère de Senouci, était venu pour faire son bilan de santé, il n'avait parlé de rien et nous étions restés discrets.

La maison de la famille Fodil était comme nous l'avions imaginée. Ancienne maison ayant appartenu à un modeste Pied Noir parti au moment de l'indépendance, expulsé ou assassiné.

Madame Fodil mère l'avait achetée à l'Etat algérien au moment ou celui-ci avait vendu ces propriétés étrangères.

Une cour, sur laquelle ouvraient les portes des chambres. Au fond à gauche, un édicule pour la douche et la toilette. L'eau courante amenée depuis la cuisine par un tuyau d'arrosage était presque chaude !

Les habitants de la maison étaient nombreux : Senouci, Nadia et leur premier garçon Mohamed ; Karima, la sœur de Senouci, Abderazak frère de Hafeda, avec sa femme sœur de Senouci, et leur premier bébé qui est né lors de notre séjour.

Madame Fodil mère, belle algérienne enveloppée de voiles de toutes les couleurs, régnait sur toute la maison, sans s'occuper des tâches matérielles. Nous avons fraternisé aussitôt. J'aurais aimé l'entendre parler de la vie de la famille, mais elle ne parlait pas français et je ne pouvais pas demander à Senouci de traduire des choses intimes.

Il y avait aussi le grand père Fodil et sa femme. Lui, âgé de presque 90 ans, enveloppé dans une djellaba blanche, avec une barbe et un visage de digne vieillard. Elle, assise en permanence dans une des chambres. Une grosse femme, très aimable, mais maintenant immobile.

Elle n'était pas paralysée. Elle avait vu mourir tous ceux qu'elle aimait, tous ses enfants, le dernier étant le père de Senouci.

Alors elle avait pleuré un peu plus. Elle s'était assise et avait décidé de ne plus se relever. À force de rester ainsi, ses jambes ont refusé de fonctionner. C'était comme si elle était paralysée.

La chambre de ces deux anciens était voisine de la nôtre. On entendait pendant la nuit les gémissements de ces deux vieillards appelant les morts et demandant à Dieu la grâce de les réunir à lui. C'était dramatiquement poignant.

Nadia ne sortait pratiquement jamais de chez elle. Pour Marie elle a fait exception. Elles sont allées toutes les deux aux bains.

J'ai accompagné Senouci dans des visites de la ville. Nous avons cherché et trouvé le prêtre yougoslave qui habitait encore à Saïda et était le seul à célébrer l'eucharistie. Célébration d'un dimanche en intimité, avec quelques personnes, dans une pièce sombre. Reliquat de la religion catholique. Ce prêtre disparaîtra quelques années plus tard.

C'était le moment de la fête de l'Aïd. L'Aïd est la fête du mouton, souvenir du sacrifice d'Isaac pour les chrétiens, de celui d'Ismaël pour les musulmans. Fils de la femme légitime ou fils de la servante d'Abraham, mais fils de toute façon.

Ce jour-là, chaque famille se fait l'honneur d'acheter et de tuer un mouton que l'on divise en portions. Certains morceaux sont donnés dans le quartier à l'entour en choisissant les familles pauvres qui ne peuvent pas sacrifier une bête.

Nous avons proposé à Senouci d'acheter le mouton pour sa famille. Il a accepté immédiatement, car il n'était pas assez riche pour le faire lui-même.

Nous voici partis avec l'auto de Kader au marché en haut de la ville. Il y avait une multitude de moutons et d'acheteurs, une ambiance surexcitée mais aimable et bon enfant, chaque marchand cherchant à caser ses bêtes, et les acheteurs faisant mine de ne pas vouloir acheter, tout en scrutant chaque animal pour tenter de trouver le meilleur au meilleur prix.

Marie était beaucoup regardée. Comme elle est grande, elle ne passe pas inaperçue. Sa connaissance de nos moutons la rendait experte et elle donnait son avis, ce qui étonnait beaucoup les marchands. Nous nous sommes aperçus qu'elle était la seule femme présente parmi plusieurs milliers d'acheteurs et de vendeurs.

À nous trois, nous avons discuté de la qualité de la bête avec le marchand qui a reconnu nos arguments. Nous avons payé puis nous sommes sortis du marché. Le mouton était sur mon dos. Ces animaux de pays aux pâturages maigres ne sont pas bien lourds ; et puis c'était beaucoup plus commode que de le forcer à marcher devant nous en le tenant par une patte de derrière, comme font tous les algériens. Senouci ne savait pas faire.

Mouton sacrifié, divisé suivant les indications de Senouci, et porté aux voisins par les enfants. Mohamed avait alors peut-être quatre ans.

Ce fut une fête familiale très douce, intime, et nous avons appris que toutes les parties de cette bête étaient bonnes à manger, même les tripes, la tête et les pattes.

L'histoire de Senouci

Senouci Fodil fait partie d'une famille nombreuse. Il en a toujours été l'élément original.

Petit, maigre, l'œil sans cesse mobile, comme animé par l'inquiétude de son maître, il parle rapidement, a été scolarisé du temps de la colonisation, connait le français parfaitement, le lit et l'écrit. Mais il n'aime pas écrire. Il n'a pas fait d'études prolongées.

Pendant sa jeunesse il vivait chez ses parents au 13 rue Moulay Mustapha, et gagnait sa vie en réparant des frigidaires et des climatiseurs.

Il a toujours été un peu mystique. Sa foi islamique est très forte, mais plus formelle que cordiale. Cela lui a donné pas mal de désagréments.

Vers 1970 ou 1975, il a commencé à se lier avec des extrémistes musulmans. C'était l'époque de l'alliance de l'Egypte et de la Syrie, de la lutte armée par attentats contre Israël.

Un ami l'a persuadé d'aller en Syrie pour se former au combat armé. Il est parti à pied, voyageant aussi en auto stop, à travers la Tunisie, la Lybie, l'Egypte, la Jordanie et est arrivé en Syrie. Il était attendu.

Il raconte :

« À peine entré dans le camp, on m'a retiré mes papiers. J'ai aussitôt compris que je m'étais trompé ; j'étais piégé, mais c'était trop tard.

J'ai subi l'entraînement intensif des commandos, en particulier de ceux qui vont poser des bombes et se font sauter avec. Ce n'était pas du tout ce que j'avais souhaité, mais je ne pouvais pas dire que cela ne me convenait pas, ni demander à rentrer. J'ai compris qu'une telle demande entraînerait ma mort immédiate par un coup de pistolet dans la nuque.

Au bout de quelques semaines, je savais manier les explosifs, ramper, lancer une grenade, tirer avec la kalachnikov. Mais aussi je savais de plus en plus que ce n'était pas ce combat qui me convenait. Je ne concevais pas l'Islam, le Djihad, de cette façon.

Je voulais fuir.

C'était pratiquement impossible. Nous sortions de temps à autre du camp, toujours accompagnés par un homme en armes qui avait l'ordre de nous abattre au moindre signe de fuite. Partir en mission était également impossible. Ces missions étaient des missions suicide, explosifs autour du corps. Si nous ne nous faisions pas exploser, il y avait quelqu'un dans le voisinage qui se chargerait immédiatement de nous exécuter.

Pourtant, j'ai réussi à m'enfuir.

Je me suis retrouvé seul dans la ville, sans papiers, ne parlant pas la langue locale, différente de l'arabe algérien, ma langue maternelle. Que faire ? Où aller, comment échapper aux sbires qui certainement étaient partis à ma recherche avec la ferme intention de me supprimer ?

Mon inquiétude était visible. Au détour d'une rue, je me suis senti attiré par la manche par une femme qui m'a dit : viens par ici. Elle m'a entraîné dans une pauvre maison et par signes m'a rassuré. Elle n'était pas un indicateur des soldats du camp.

Elle m'a gardé plusieurs jours. J'ai pu réfléchir.

Sous un déguisement, j'ai pu aller vers une cabine téléphonique et appeler mon frère Kader à Saïda. Il était tout surpris de m'entendre, il me croyait disparu pour longtemps. Il m'a dit qu'il s'occupait de m'acheter un billet d'avion et qu'il venait me chercher.

Je devais aller à l'ambassade d'Algérie.

Pour m'y introduire, j'ai raconté une histoire mêlant la fugue, l'amour et le manque d'argent. Je ne voulais pas dire ce que j'étais venu faire en Syrie, certain qu'il y avait dans cette ambassade des espions islamistes qui me trahiraient.

Kader est venu. Je l'ai retrouvé à l'aéroport dont il ne voulait pas sortir. Nous nous sommes serrés dans les bras dans l'avion quand il s'est envolé. »

Cette histoire de commando islamiste est la première histoire. C'est une épopée émouvante, dangereuse, mais pas autant que ce qui va suivre.

La naissance de Leïla a changé complètement sa vie.
Il aurait pu s'éloigner de Nadia, la négliger comme une femme facile. Il lui est resté fidèle.

La vraie histoire de Leïla

Senouci a poursuivi :

« J'ai connu Nadia, la sœur de Hafeda Chougrani qui est la femme de Djilali Bouamama, quand elle était très jeune. Nous nous sommes aimés et elle a attendu un enfant. Malheureusement elle n'avait pas atteint l'âge légal pour le mariage qui est de 18 ans. Elle devait cacher sa grossesse et je ne devais pas faire savoir que j'étais le père. La prison aurait été la punition certaine pour moi ; la honte à vie pour Nadia.

La maison des Chougrani est proche de celle de mes parents. Nos deux familles se connaissent depuis longtemps. Nadia est restée chez ses parents et Leïla est née.

Comme Nadia était jeune, l'accouchement est survenu prématurément. Le bébé pesait un peu plus de 2 kg.

J'ai tout fait pour la sauver. Nous l'avons installée dans un carton et entourée de coton. J'ai couru toutes les pharmacies de la ville pour en trouver, car il y avait pénurie.

Nadia avait à peine de lait, j'en ai acheté un peu partout.

Leïla a grandi. Elle restait avec sa mère dans la famille Chougrani qui n'a jamais permis à Nadia de dire à Leïla qu'elle était sa mère.

Comme je ne pouvais pas reconnaître ma fille au risque d'aller en prison et de déshonorer ma famille, c'est moi qu'on a déshonoré en l'inscrivant sur le livret de famille de mon père. C'est ainsi que j'ai pu la présenter comme ma sœur. Il n'était pas possible de faire autrement. Nadia ne pouvait être mère célibataire comme c'est l'usage en pareil cas chez vous en France. Je ne pouvais pas être officiellement le père de Leïla. »

Chez nous, à Angoulême, Leïla parlait souvent de papa Chougrani, le grand père, de Ninette et des sœurs de Nadia.

« Et puis, la maladie est venue. Nous avons consulté tous les médecins de la ville et l'hôpital, sans succès.

C'est alors que les relations avec la famille Chougrani ont brutalement changé. Un jour, ils sont venus chez nous au 13 rue Moulay Mustapha avec Leïla, en disant : « C'est ta fille, occupe-t'en ! La voici. Nous ne voulons plus la voir chez nous. »

Leïla était chez nous. Nadia restait chez eux.

Ce fut une période affreuse.

Je cherchais tous les moyens de soulager ma fille qui étouffait.

À cette époque, j'exerçais le métier de réparateur de frigidaires. C'est un métier de bricolage très utile car les appareils ménagers sont rares dans l'Algérie maintenant et les gens sont trop pauvres pour en acheter des neufs. Alors ils font réparer les vieux. J'avais des outils, je les ai vendus un par un pour payer les médecins et les médicaments. J'ai utilisé le contenu des bouteilles d'oxygène qui me servaient à la soudure pour soulager Leïla.

On m'a conseillé d'aller à Oran à l'hôpital.

Était-ce le Centre Emir Abdelkader ou bien le CHU ?

Là on a diagnostiqué une péricardite. Elle a été drainée avec un gros drain de caoutchouc, mais cela n'a pas amélioré son état. Elle maigrissait de plus en plus, devenait très faible, ne pouvait plus marcher du fait de douleurs dans les jambes. Après ce drainage, on nous a renvoyés chez nous en disant que cela suffisait.

Il n'y avait pas de diagnostic, pas de traitement.

Je savais que Hafeda, la sœur de Nadia, habitait en France à Chasseneuil et j'ai décidé d'emmener ma fille là-bas pour tenter de la soigner.

Je n'étais pas en règle avec le service militaire algérien que je n'avais pas fait pour soigner Leïla. J'avais falsifié mes papiers. Je n'avais pas de carte d'identité en règle. Seulement un passeport. Le maire de Saïda m'a beaucoup aidé. Le médecin chef de la sécurité sociale de Saïda a accepté de faire une prise en charge manuscrite.

Le trajet a été atroce. En train de Saïda jusqu'à Oran, puis en bateau vers Marseille, ensuite en train jusqu'à Bordeaux et enfin en taxi de Bordeaux à Chasseneuil.

Je tentais de donner un peu à boire à Leïla, qui était à peine consciente et gémissait. Les voyageurs qui étaient à côté de moi ont toujours été compatissants et m'ont bien aidé à la changer, la nettoyer, lui donner un peu à manger et me soutenir la raison.

À Chasseneuil, quand Hafeda et Djilali nous ont vus, ils ont eu tellement peur d'une maladie contagieuse qu'ils ont carrément refusé de nous laisser entrer dans leur maison. Ils nous ont reçus dans le garage au sous-sol. C'est là que le médecin est venu la voir et a conseillé d'aller aussitôt à l'hôpital d'Angoulême.

Vous avez vu la photo d'une vieille femme, dont je vous ai dit que c'était sa mère. Mais c'est ma mère à moi. Je ne pouvais pas venir sans une image de la mère de Leïla. J'avais celle-là ; ma mère m'a toujours soutenu dans l'épreuve de la maladie.

Mon père vient de mourir. Il était garde forestier dans les immenses forêts qui entourent la ville. Il avait aidé à planter, il surveillait les braconniers et ceux qui viennent couper illégalement du bois pour le vendre ou pour eux-mêmes. Pendant la guerre, il a hébergé et protégé de nombreux djounoud poursuivis et traqués par les français. Il est mort d'un cancer de l'estomac. »

Ce récit bouleversant a duré plusieurs heures. Nous écoutions Marie et moi très émus et au bord des larmes. Tant de drames, tant de douleurs, tant de mépris pour une personne de petite origine, tant de haine familiale. Leïla dans tout cela si douce, si demandeuse d'amour, recherchant sa mère dont on l'avait privée pendant sa toute petite vie.

Nous sommes aussi allés au cimetière pour prier sur la tombe de Leïla. Le grand père a demandé à nous accompagner. C'était un jeudi, jour où les âmes des morts reviennent sur terre et pendant lequel il est possible de leur parler. Le grand père ne connaissait plus que des morts !

Ce cimetière est propre à la tribu à laquelle appartiennent les Fodil. Ce n'est pas le cimetière municipal. Il est en pleine nature. Rien ne le signale. On monte au dessus de la ville, on prend la direction de je ne sais où, cela n'a pas d'importance, et devant l'entrée de l'allée qui mène à une ancienne ferme pied noir qu'on aperçoit un peu plus haut, on tourne à gauche. Il y a un chemin, mais sans limite. Il zigzague dans les champs au gré de la meilleure voie et des moindres rochers qui affleurent partout.

D'abord à droite, puis plus nombreuses, les tombes. Nous nous sommes arrêtés à distance d'un vallon étroit où quelques arbres faisaient un peu d'ombre. On cheminait entre des tombes, les unes anciennes et à peine remarquables par un léger renflement, les autres où la pierre marquant l'emplacement de la tête était encore debout, les autres étendues à terre.

Celle de Leïla était juste à côté de celle de son grand-père, le père de Senouci.

Quelle émotion, que de souvenirs ! Tandis que Senouci et Nadia disaient quelques prières, nous avons récité le Notre Père à voix haute.

Puis Senouci a parlé à nouveau.

Il a dit ce qu'il avait ressenti à Angoulême.

La prière de frère Jean Pierre, curé de notre paroisse, qu'il comprenait parfaitement, avec son espoir de résurrection et la force de l'amour.

Il nous a dit aussi ce qui s'était passé à son retour.

Le corps de Leïla est arrivé après que lui-même soit revenu à Saïda. Le cercueil a été placé dans la maison et les voisins et les amis sont venus pour les condoléances et les prières. Certains membres de la famille exigeaient que le cercueil soit ouvert et que le corps de

Leïla soit enveloppé dans un linceul conforme à la tradition musulmane ; que l'ensevelissement soit fait à même la terre.

Alors il s'est opposé. Bien sûr, cette exhumation après plusieurs semaines aurait été insupportable, mais ce n'était pas l'argument.

Il a dit à peu près ceci :

« Leïla était chez monsieur et madame Joly qui l'ont accueillie comme leur fille.

Ils l'ont soignée avec tout leur amour.

Ils sont chrétiens catholiques et quand elle est morte ils ont prié sur son corps comme on le fait chez eux.

Le Dieu qu'ils ont prié est le même que le nôtre.

L'imam présent a alors dit :
Leur prière était valable.

Senouci a repris : Ils ont enveloppé son corps dans un des plus beaux linges qu'ils possédaient. C'était leur témoignage d'amour.

L'Imam a dit :
Ce linceul est valable.

Senouci ajoutait : Ils ont fait venir leur prêtre qui a prié avec eux. J'ai moi-même aussi prié avec eux bien que je sois musulman.

L'imam a dit :
Ces prières sont valables.

Senouci a dit aussi : Elle est dans ce cercueil, ce n'est pas l'usage chez nous, mais son corps ne pouvait pas être transporté autrement. Elle a trop souffert dans sa courte vie, il ne faut pas lui imposer une autre souffrance.

L'imam a dit :
Ce que dit son père est valable.

Ainsi, Leïla est enterrée ici dans un cercueil. Le monticule est assez élevé. Quand nous enterrons, nous creusons une fosse et dans une de ses parois, nous creusons une niche assez grande pour contenir le corps. Il n'est pas au contact de la terre. »

Après notre prière, le grand père est parti à travers le cimetière. Comme c'était un jeudi et ainsi que je l'ai dit, jour où les morts reviennent un peu sur terre, il disait quelques mots en passant à côté de chacune des tombes qu'il visitait. Que de personnes a-t-il ainsi saluées !

Le soir tombait. Le soleil commençait à devenir rouge au fond de la vallée du cimetière, il a fallu rentrer. Nos cœurs étaient lourds mais aussi remplis de paix.

Tous ceux qui étaient là avaient tenté de donner à Leïla un peu de vie, un peu de bonheur.

Ce lien entre nous était visible.

Il n'y avait là que des croyants en Dieu, celui qui seul est capable de nous réunir ici ou plus tard.

La Khayma

Nous avons circulé en voiture autour de la ville de Saïda. Je conduisais, Marie et Senouci étaient les seuls autres voyageurs. Nadia n'est venue avec nous que pour aller au cimetière. Encore a-t-il fallu presque l'y forcer.

Vers les hauteurs du sud, le désert commence. La terre est nue, jaune ou rouge, et la poussière y a son domaine indiscuté.

Au loin, on voyait une tente de nomades. Cela s'appelle une khayma (rhaïma). Nous sommes allés voir. Les nomades sont assez sauvages, ils n'acceptent pas souvent les étrangers, mais Senouci semblait avoir ses entrées.

Quel spectacle ! Plusieurs tentes les unes à côté des autres abritaient toute une grande famille. Toile épaisse en laine et poil de chameau entrelacés, la couleur brune est entrefilée de stries plus claires dues à la couleur du poil.

Les bords étaient relevés sauf celui au vent. Dedans, on devinait dans l'ombre des femmes, des enfants, des réchauds, des ustensiles, des bagages de toutes sortes.

Nous avons été accueillis très gentiment. Marie invitée à entrer et s'asseoir, moi après quelques minutes. Senouci avait effectivement ses entrées. En quelques mots il s'est fait reconnaître comme le fils du garde forestier.

Alors ce fut une discussion animée.

On se souvenait de son père comme d'un homme bon et juste, faisant respecter la loi qui exige de ne pas couper les arbres, de ne pas dresser le campement à certains endroits ; mais aussi comme celui qui défendait les nomades contre les gendarmes et avait toujours gain de cause. Tout le monde s'est assis sous la tente, les hommes d'un côté, Marie avec les femmes.

Nous avons parlé comme nous pouvions, avec les mains, des mots de français et d'arabe, parfois une traduction de Senouci ou de l'un des hommes semblant connaître notre langue.

Le temps passait.

Les moutons sont rentrés du pâturage, car le soir arrivait.

Plus de cinq cents agneaux étaient groupés dans un grand parc. Le troupeau des brebis s'est annoncé par un nuage de poussière, puis plusieurs milliers de bêtes sont apparues, les bergers sur les côtés tentant de guider tout ce monde, les chiens courant sans cesse et faisant régner un certain ordre. Plus le troupeau s'approchait, plus les bêlements se faisaient entendre.

Dans l'enclos, les réponses des agneaux.

L'enclos ouvert, les brebis se sont engouffrées en se bousculant. Alors, pendant quelques minutes, il y a eu dans cet espace une cohue indescriptible de brebis cherchant leur agneau et d'agneaux cherchant leur mère. Puis, un grand silence, on n'entendait plus que les mouvements des tétées avides.

Un couple s'est avancé. La mère tenait un tout petit bébé dans ses bras. Ils demandaient des conseils. L'enfant avait une diarrhée. La jeune mère avait peu de lait. Situation dramatique dans ce pays pauvre, où l'admission à l'hôpital à cet âge et avec cette maladie est synonyme de mort prochaine.

Nous avons parlé longtemps. J'ai donné les quelques conseils que je pouvais donner. Senouci avait je ne sais comment ni pourquoi, des sachets de réhydratation dans ses poches. Nous avons indiqué comment il fallait faire.

Et puis ensuite ?

La question était posée sans l'être.

J'ai indiqué que la présence d'un bébé de cet âge en convalescence exigeait de prendre quelques précautions particulières. Mais c'était le temps où le groupe devait repartir vers le sud pour aller chercher d'autres pâturages. Migration dans la chaleur, la poussière, le manque d'hygiène. Les parents connaissaient les dangers.

Quand je leur ai dit qu'il vaudrait mieux séjourner un peu de temps ici avant de retourner, ils étaient d'accord, mais cela posait problème avec le grand-père, chef de la tribu. Il viendra tout à l'heure demander quels conseils le toubib français a donné.

« Ne lui dis surtout pas ce que tu viens de nous dire, car la tribu ne doit jamais se séparer et il risque de nous forcer à partir avec tous les autres. »

Nous avons compris qu'il y aurait une fuite cette nuit, suivie d'une colère du grand-père, qui se calmerait quelques mois plus tard en revoyant ses enfants en bonne santé.

Nous nous sommes dit au revoir.

Dans les yeux de la maman, il y avait une lueur de remerciement qui me rappelait le regard des algériennes de Tient.

Nous sommes allés à Tient.

Nous sommes donc partis, Senouci, Marie et moi, tous les trois vers Tient. Kader, une fois encore, prêtait sa voiture. Il m'avait même confié son permis de conduire qui se trouvait naturellement dans la pochette contenant la carte grise et l'assurance.

Je conduisais. La route est belle. Elle traverse les montagnes, et passe par Sidi Bel Abbes, là où la Légion Étrangère avait sa principale caserne. C'est une assez belle ville, avec de larges avenues. À un carrefour, un policier nous arrêta pour un prétexte important pour lui, futile pour nous. Il nous demanda nos papiers. Je lui tendis la pochette contenant la carte grise et le permis de Kader. Il les examina attentivement, me les rendit et nous signala de continuer, mais de ne pas recommencer. Je ne lui ai pas demandé quoi. Il m'a pris certainement pour le frère de Senouci !

Tlemcen, Nedroma et enfin Nemours : maintenant Ghazaouet.

Nous y retrouvions Mohamed Zennoun, en vacances dans la ville, dans la maison qu'il avait achetée. Cette rencontre a été décevante. Cet homme s'était enrichi en France, il avait eu le plaisir de construire sa maison en Algérie, il en était fier. Mais il ne voulait surtout pas évoquer les souvenirs de sa participation aux travaux de soins du poste de Tient comme infirmier sous mes ordres, ni des tournées faites ensemble avec la brel.

Une crainte d'être rattrapé par son passé ? Il est vrai que tellement de harkis avaient payé de leur vie leur collaboration avec l'armée française qu'il était en droit d'avoir peur. Mais Zennoun a toujours été un peureux.

Pendant la guerre, il vivait dans un groupe retranché dans l'oued Saftar, oued encaissé, refuge des derniers fellaghas. Un jour, pendant un combat, il s'est senti perdu et s'est rendu. Après interrogatoire, on s'est aperçu qu'il était de faible envergure et on ne savait pas bien quoi en faire. Il n'avait aucune aptitude à porter les armes. Il devait croupir quelque part, il m'a été affecté comme infirmier.

Nous avons passé une soirée sur le toit de sa maison ; nous y avons dormi. Le soir et le matin, le muezzin chantait la prière. Les chacals lui répondaient en écho de l'autre côté de la vallée.

Nous sommes montés à Tient. Zennoun ne nous a pas accompagnés. Je ne l'ai pas revu depuis.

Je connaissais déjà la route goudronnée qui a remplacé la piste. Elle tourne dans les replis des collines, longe la butte du village d'El Koraïche, et se hisse sur le plateau. On y est brusquement, comme après un rétablissement.

Elle file alors tout droit.

Il n'y a plus la poussière qui annonçait l'arrivée d'un invité. La conduite était facile.

Le gros rocher marquant la mi-temps du chemin avait disparu.

Mais aussi le paysage avait changé. Le champ de vignes de Romero n'existait plus. À sa place, une terre rouge, qui n'était plus cultivée depuis bien longtemps.

Nous approchions de l'ancien poste. Nous retrouvions Amar Tlemçani.

Senouci a préféré ne pas poursuivre avec nous chez Hanifi. Il est rentré à Ghazaouet et a attendu.

Les deux écoles étaient toujours là, sur la gauche. Autrefois on ne voyait qu'elles, deux taches blanches. Elles paraissaient immenses. À côté, le terrain de foot où se déroulaient les matchs opposant les matelots aux harkis, le poste à d'autres postes, les enfants de l'école à d'autres écoles. Maintenant, il fallait les chercher. Eh oui, ce sont les écoles, ces deux petites maisons entourées de bâtiments à plusieurs étages !

Le village s'était étendu sur le plateau de l'autre côté de la route. C'était devenu un gros bourg. Les écoles étaient maintenant comme des fleurs dans un bouquet de chardons.

Que de souvenirs avec ces écoles ! Leur construction avait été surveillée par Jean Lou Prache. Il en était très fier, à juste titre car il n'y avait aucune école à plus de vingt kilomètres à la ronde ! Des matelots faisaient office d'instituteurs. Les enfants affluaient de partout, tellement heureux d'apprendre à lire et à écrire. Le grand succès du jour de la distribution des prix a été les chants des élèves sous la direction du matelot maître d'école, devant la brochette d'autorités civiles et militaires venues pour l'occasion. Ils ont chanté leur chanson préférée : « Les tétons », c'est-à-dire : « Il était un petit navire ».

Les enfants avaient reçu des maillots pour disputer les matchs de foot.

Je n'avais pas eu l'occasion de surveiller leur état sanitaire. Je me contentais à l'époque de les recevoir en cas de maladie.

J'avais été profondément choqué le jour où la population des villages alentour avait été regroupée sur le terrain de foot qui jouxtait l'école. Il n'était pas licite de mélanger le jeu et la guerre !

Les matchs entre matelots et harkis des postes voisins étaient fréquents, le plateau de Tient étant le seul endroit à peu près plat où un terrain puisse être installé.

Jeux, fêtes, amitiés. Mais aussi un jour un drame.

En repartant après le match, le chauffeur du camion des invités, tout joyeux, a oublié qu'au bout de la piste du plateau, le chemin vire en épingle à cheveux à gauche pour descendre brutalement dans la vallée.

Il a continué tout droit en pleine vitesse, dévalant les pentes abruptes de la montagne, tournoyant, roulant sur lui-même, éjectant des passagers et écrasant les autres, avant de s'immobiliser.

L'hôpital de Nemours fut prévenu le premier et les secours arrivèrent rapidement avec des ambulances. Le poste de Tient fut prévenu plus tard. Je partis aussitôt dans la jeep avec ma trousse.

À mon arrivée, les blessés graves étaient déjà évacués. Il restait les morts et ceux qui ne manifestaient rien. Parmi eux un jeune harki gémissait. Je m'approchai et après quelques questions m'aperçus qu'il avait une fracture de la colonne vertébrale et un début de paralysie. Mes conseils pour le transport ont permis de lui sauver la mobilité des jambes.

Cet accident très grave confirmait malheureusement les statistiques : la moitié des blessés et des morts de la guerre d'Algérie l'a été par accident.

Nous nous sommes arrêtés devant l'entrée du poste. Un militaire montait la garde, d'allure débonnaire.

L'envie m'a pris d'aller le rencontrer en lui demandant de visiter ce qui fut mon centre d'intérêt pendant deux ans. Comme j'ai bien fait de ne pas le faire !

Je ne savais pas ce que l'Algérie avait fait de ce poste.

Maintenant, je le sais. Après avoir été un instrument de pacification, il est devenu pendant de nombreuses années un outil de vengeance. Peut-être y avait-il encore des prisonniers lors de notre visite ?

Dans la région d'Oran, il y a eu après la guerre sept camps d'emprisonnement : Sidi-Bel-Abbès, Khouriba et Tient à côté de Nemours, El Bor à côté de Tlemcen, Marnia ou se situait le camp de déminage des mines du barrage, Saïda, Mostaganem.

Il y avait en tout environ 240 000 Algériens dans l'armée française, dont 63 000 harkis, participant directement aux combats. Les autres étaient des membres d'autodéfenses de villages se sentant particulièrement menacés, comme l'était celui de Bou Kedama, des moghazni travaillant dans les SAS.

Après les accords d'Evian du 19 mars 1962, et malgré les assurances données, au moins 80 000 d'entre eux ont été tués sauvagement. 25 000 Européens furent enlevés, tués ou ont disparu, en particulier lors des émeutes. Le massacre des européens d'Oran fut terrible.

À Tient un tribunal du peuple a fonctionné : 700 détenus, harkis comme Ahmed Krouchi, hommes et femmes, ont été emprisonnés pour collaboration, torturés, puis massacrés.

Laissant l'auto en haut, nous avons pris le chemin qui longe la colline en découvrant le village puis retourne, passe à côté du marabout de Sidi Mohamed el Guendouz avant de s'arrêter à côté du lavoir. Le pont en buses que nous avions placé avait été depuis longtemps emporté par les crues. Nous avons longé la mosquée, puis les maisons au bord de l'oued qui dévale de la montagne, pour arriver à la mechta d'Ahmed Hanifi, la plus haute du village.

Il était là. Assis au soleil sur le mur, il nous attendait.

Il était maigre, plus que ce que j'avais connu. Son sourire exprimait le plaisir de nous retrouver.

Il nous a dit d'abord :

« Je suis bien malade depuis quelques mois. On me dit que j'ai une tumeur dans l'estomac et que je serai prochainement opéré. »

Après le voyage d'André en 1985, j'avais reçu une lettre de lui nous invitant à venir. La voici retranscrite telle qu'il l'avait écrite[1] :

Ghasaouet, le 5 avril 1985

À peine connu de vous, il faut que je sois bien pénétré de votre indulgente bonté pour oser vous écrire.

J'ai reçu votre adresse, grâce à votre fils qui est venu nous rendre visite c'est pour cela, que je tiens à vous écrire et vous rassurer que nous sommes en bonnes et parfaite santé. En espérant tous que vous soyez comme nous.

Bon, moi je m'appelle Hanifi, Ahmed et ma maison est éloignée de 300 mètres de la mosquée à Tient. A ce moment même, je suis âgé de presque 62 ans, et je pratique le métier de Fellah, et quand votre fils est venu avec votre copin de Saïda, il m'a trouvé en plein travail dans mon champ.

---

[1] Par amitié pour lui, j'ai respecté les fautes d'écriture.

Quand ils sont venus, ils ne m'ont même pas laissé le temps de discuter avec eux et aussi de rester passé quelques jours chez moi.

Ils sont venus le dimanche 02/04/1985 vers 16 heures. Ils sont repartis vers 18 heures après avoir bu du thé avec mon fils. À la maison.

J'ai pris l'occasion de montrer à votre fils les endroits où vous vous promenez quand vous étiez en Algérie tebib liatna dougalon.

Je n'oublierai jamais le bien que vous aviez fait et surtout la guérison de mon fils prénommé Nour-el-aïd né le 16/06/1959 qui était presque mort et grâce à vous il est guérrix, il a fait mon service militaire et afin il est un homme à présent.

Mon fille prénommée Saïda née le 14/03/1961 dont je vous rappelle que vous étiez présent lors de sa naissance et c'est vous qui l'avez pesé, elle faisait un poids de 1 kilogramme 207 grammes. Actuellement elle est mariée depuis déjà trois années, à Hammam Bouguerrara.

Un banquet que vous aviez fait à Tient est toujours marqué dans mon esprits, dans le temps il y avait 120 familles dans notre village actuellement il y en a 560 familles, et tout ce petit monde et surtout ceux dont leur âge dépasse les 34 ans, vous connaissent et vous oublieront ja-mais.

Si par hasard vous viendrez en Algérie un jour, vous deviez passé chez moi et même si je serai mort, je laisserai les consignes à ma famille pour prendre soin de vous. En espérant que cette hemble missive vous fera plaisir et vous rappellera du mon vieux temps, Recevez de ma part, de ma famille et de tout le monde de Tient le plus grand bonjour.

Voici mon adresse :

Monsieur Hanifi, Ahmed poste de Tient Daïra de Ghazaouet Wilaya de Tlemcen
Algérie.

Ahmed Hanifi

Notre venue à Tient était pour lui une immense joie.
Pour moi aussi.
Marie découvrait.

Nous savions, sans nous le dire expressément que ce serait la dernière fois que nous allions nous rencontrer. Nous avions beaucoup de choses à nous dire l'un à l'autre ; beaucoup de choses à écouter l'un de l'autre.

Nous nous sommes assis et nous avons écouté.

Cela a duré deux jours.

Ce dialogue n'était pas permanent. De temps à autre un visiteur, des embrassades, des souvenirs. Nous avons aussi fait le tour du village, chacun nous invitant à venir passer des vacances d'été. Et nous revenions nous asseoir et parler, plutôt écouter Hanifi.

Le soir, après le repas, comme il n'y avait pas de courant, la veillée était brève.

Il nous a réservé une pièce de sa mechta, donnant sur la cour, une petite fenêtre à hauteur des yeux apportait un peu d'air et permettait de voir le ciel.

Nous avons dormi comme toute la famille sur des couvertures, roulées le matin.

Les jeunes filles allaient chercher l'eau tout en bas, à la fontaine, ce qui reste de la source captée il y a plus de trente ans par le capitaine Gaudin de la SAS pour alimenter le haut village, celui qui se trouve sur le plateau, à côté de l'ancien poste. Ce captage est entrain de ruiner l'ancien village en le privant d'eau. Elles remontaient sur leurs épaules l'eau nécessaire aux usages de la maison. Elles nous en ont réservé une grosse jarre. Nous avons eu la discrétion de n'utiliser qu'un demi-litre pour chacun.

On peut très bien se laver en entier avec très peu d'eau.

Hanifi a donc parlé. Nous nous étions très peu connus pendant la guerre. Nous ne pouvions pas échanger nos idées sur les évènements actuels, car la sécurité militaire aurait certainement puni et aucun de nous deux n'avait intérêt à connaître les idées de l'autre.

Pourtant, nous agissions dans le même sens sans que l'autre le sache : rechercher des actions de paix permettant de rapprocher les Français et les Algériens, tellement séparés par des années d'incompréhension et de mépris.

« Quand je te disais certains soirs : ne reste pas dîner, je reçois des amis, tu savais bien de qui il s'agissait ? - Oui, bien sûr. Et pourtant tu ne l'as jamais dit au commandant du poste, car il n'y a jamais eu d'embuscade autour de ma maison. - J'ai pensé que si tu me le disais c'était parce que tu avais confiance. »

Il a raconté sa vie.
Il s'était engagé pendant la guerre de 1940-1945[2].
Il avait fait d'abord campagne en Tunisie. Là, il avait combattu l'armée du maréchal Rommel en retraite. Il nous a raconté des combats féroces, des assauts au fusil et à la baïonnette. Il disait :
« Devant nous, en tête des combattants, il y avait le Général de Gaulle. On le reconnaissait bien à sa grande taille. Il nous encourageait à charger malgré la pluie de balles qui sifflait de tous côtés. Mais lui, il restait debout et il criait : En avant ! Il avait certainement une protection spéciale contre les balles qui s'écartaient de lui. Alors, nous avons suivi et nous avons vaincu. »
(Le général de Gaulle n'a pas combattu lui-même directement en Tunisie.)
Puis il a combattu en Italie, en Allemagne, en Indochine.
Après sa capture par les Viêt Minh au cours de la bataille de Diên Biên Phu, il avait été emprisonné. Il voyait comment les français étaient traités. Lui n'a jamais souffert.

---

[2] Voir ses états de service en annexe

« Nous mangière biennne, nous dormir bienne ! Nous écouter aussi des discours toute la journée, patati-patata. »

Il ne nous a pas dit le contenu de ces discours, c'était la formation marxiste léniniste et anti-coloniale destinée à créer les cadres de l'insurrection de l'Algérie.

Quand il est rentré en Algérie, il a été démobilisé. Mais rapidement il fut à nouveau recruté pour la lutte armée contre les fellaghas.

Et il raconte :

« Un jour, nous étions partis en patrouille. J'avais bien dit au lieutenant de ne pas passer par là, car c'était un endroit idéal pour faire l'embuscade. Mais il n'a rien voulu savoir. Alors il est arrivé ce qui devait arriver. Le chemin était à cet endroit resserré entre deux collines. Quand la plus grande partie de la patrouille a été engagée, les fellaghas ont ouvert le feu intensément. Nous n'avons pas pu répondre, notre position ne le permettait pas. Une vraie embuscade, placée au bon endroit, comme je l'avais dit au lieutenant. En quelques secondes, tous étaient morts ou blessés. Les cris jaillissaient de partout. Le lieutenant avait été tué dès le début. Les fellaghas sont alors venus et ont égorgé ceux qui, blessés, criaient encore.

J'entendais les voix se taire les unes après les autres.

Moi-même, atteint à la poitrine, je sentais le sang monter dans ma bouche et je pensais mourir. Alors un flot de regrets m'est monté à la gorge et je me suis mis à crier moi aussi.

« Ya Hanifi, pauvre algérien. Voici que tu vas mourir toi aussi. Ce n'est ni un Allemand qui va te tuer, ni un Indochinois, mais un frère, qui n'est pas même un ennemi.

Ya Hanifi, qu'as-tu fait de ta vie ? Tu t'es trompé, on t'a trompé !

Tu n'as pas défendu ta patrie, mais seulement la vie de ta famille.

Maintenant tu as été engagé non pas contre un ennemi, mais contre tes frères algériens.

Oh Hanifi, demande pardon à Dieu. Dans les quelques minutes qu'il te reste à vivre, revois ta vie et demande le pardon de Dieu.

Tu étais jeune, tu voulais seulement faire vivre ta famille avec ta solde. Tu ne haïssais pas les Allemands ni les Indochinois, ni même ceux qui maintenant t'ont blessé et vont t'achever.

Ya Hanifi, regarde ta vie. Que Dieu te pardonne. »

Je criais ma détresse, ma peur aussi et ne regardais pas.

C'est alors, n'entendant plus que mes cris, que je m'aperçus que j'étais le seul resté vivant.

Un homme me regardait du haut de sa vie.

Son visage n'exprimait pas la haine, mais la souffrance. Il s'est penché vers moi et m'a dit :

« Tais-toi. Je laisse croire que je t'ai achevé. Mais je te laisse ta vie. Oui, tu as souffert plus que tu n'aurais dû. Maintenant, fais-en ce que tu pourras, si ta blessure te permet de vivre. »

Et il a disparu. J'ai attendu.

Les coups de feu avaient alerté la garnison proche. On est venu me relever, seul survivant de cette stupide embuscade. »

Ahmed avait combattu des Européens ennemis de la France, les Allemands. Puis des Indochinois qu'il ne connaissait pas. Ceux-ci lui ont enseigné la guerre subversive au service de l'indépendance. Ils lui ont appris ce qu'avait été la colonisation dans leur pays, et probablement aussi dans le sien. Ils l'ont libéré pour servir d'agent de décolonisation en Algérie.

Là, n'ayant toujours pas de ressources pour faire vivre sa famille, il s'était rengagé et avait été blessé par un compatriote.

Que faire maintenant ?

De retour à Tient, il a été contacté par des fellaghas, attirés par son savoir militaire et sa connaissance de l'armée française.

Qu'a-t-il fait réellement ?

Il a été pris et condamné à mort.

Logique militaire appliquée aux traîtres.

Il raconte à nouveau :

« J'avais été condamné à mort. Après ma blessure, j'étais retourné chez moi à Tient. Je croyais pouvoir vivre tranquille, en m'occupant de mes champs. Je me suis marié en 1955.

Mais les fellaghas m'ont retrouvé. Ma survie après l'embuscade leur paraissait suspecte. Ils voulaient de ma part des preuves de sincérité en faveur de l'action armée pour l'indépendance.

J'ai du héberger des combattants, transmettre du courrier.

J'ai toujours refusé de participer à des assassinats. Je n'ai jamais dénoncé personne.

Je n'étais pas dans la confiance des fellaghas.

Je ne l'étais pas non plus dans celle de l'armée française.

Un jour, je fus arrêté, et après interrogatoire, on a considéré que j'étais un agent double. J'ai été condamné à mort.

L'exécution était prévue pour le lendemain.

Nous étions plusieurs, enfermés dans une grande cellule ouvrant sur la cour. La porte n'était pas fermée, un soldat bien armé était posté devant.

Je me suis assis sur les talons, profitant des derniers rayons de soleil, juste derrière la porte. Je ne faisais rien que de repenser à ma vie, et alors des souvenirs de la guerre d'Indochine me revinrent à la mémoire. Je me suis mis à parler doucement en langue vietnamienne, que j'avais apprise pendant mes séjours dans ce pays.

C'est alors qu'un chien jaune est venu me voir et il me léchait les mains. Plus je lui parlais en vietnamien, plus il manifestait de la joie en me faisant mille amitiés. Je n'y faisais pas attention.

Mais le soldat qui nous surveillait s'approcha. «Quelle langue parles-tu, me dit-il ?

Je parle la langue vietnamienne. Et la conversation s'engagea.

Tu es donc allé en Indochine ? Oui, plusieurs fois. J'étais même à Diên Biên Phu.

Ce jeune était intéressé de rencontrer un Algérien qui avait combattu en Indochine.

Dans quelle unité étais-tu ? Je lui dis. Dans le 2° RTA. Le lieutenant de ma section était le lieutenant....Il fut alors très troublé. Il pâlit et resta un long moment silencieux.

Puis il se mit en colère.

Tu mens, comme tu l'as toujours fait. Ce que tu me dis est un mensonge.

Je n'ai rien à perdre répondis-je, puisque demain on va me fusiller. Peut-être est-ce toi qui fera partie du peloton ? Ce que je te dis est vrai. Le lieutenant de ma compagnie était le lieutenant .... Le Capitaine était.....

Où as-tu combattu avant Diên Biên Phu ? Je lui citai plusieurs endroits.

Il était de plus en plus troublé. Il ferma la porte avec le gros cadenas et je l'entendis partir.

Quelques minutes plus tard, il revenait et ouvrait la porte.

Il recommença à me questionner : le nom de mon régiment ; les lieux où il avait combattu ; les noms des officiers ainsi que celui du lieutenant de ma compagnie.

Le reconnaîtrais-tu s'il se présentait devant toi ?

Bien sûr.

Alors apparut un capitaine qui avait écouté tout en se cachant derrière la porte. Je le reconnus aussitôt et l'appelai par son nom. Il me répondit par le mien. Lui aussi m'avait reconnu.

Pour plus de précisions, il me demanda encore toutes sortes de choses.

Le jeune soldat prenait une leçon d'histoire.

Au bout d'un moment, il cessa de me parler, tourna les talons et partit.

La nuit s'avançait. Elle se passa dans le silence, interrompu de temps à autre par des chansons que nous chantions doucement. Chansons d'enfance, chansons d'amour de notre jeunesse.

Le jour vint. La porte fut ouverte, on nous ordonna de nous mettre en file indienne et de monter dans un camion qui attendait dans la cour.

On allait nous emmener pour nous fusiller. Personne d'entre nous ne disait mot. Certains se serraient les mains. D'autres regardaient attentivement dans la cour.

Moi, je savais que cette fois-ci je vivais mes dernières minutes. Les combats que j'avais donnés pour la France passaient avec une grande rapidité devant ma mémoire.

Mes compagnons sont montés les uns après les autres. Un soldat appelait chacun par son nom.

Il tenait sa mitraillette chargée et armée dirigée vers nous. Il n'y avait aucun moyen d'échapper.

Il appela : Hanifi Ahmed ?

Je répondis : Présent et fis quelques pas pour aller vers le camion.

C'est alors que se produisit une chose incroyable. Il se précipita sur moi, m'envoya une énorme bourrade pour m'écarter de l'échelle qui montait au camion, à l'instant où j'y mettais le pied, en hurlant :

« Fous le camp ! »

Je connaissais bien cet ordre que l'on donnait souvent aux prisonniers pour qu'ils s'enfuient. Une rafale les abattait aussitôt et on les déclarait tentative d'évasion.

Je ne bougeais pas. Il répéta :

« Fous le camp, bordel ! »

Alors je partis. Mais sans courir.

Je voyais la porte du camp ouverte devant moi.

Je m'avançais en marchant le plus lentement possible, m'attendant à recevoir la rafale meurtrière. Et puis, je franchis la porte, sans me retourner. J'étais vivant et libre.

La cour était déserte, mais je suis sûr que derrière la porte du mess des officiers, quelqu'un me regardait, sans pouvoir me serrer dans ses bras à l'occasion de mon départ.

Je me suis mis à pleurer. »

Après l'issue invraisemblable de cette condamnation, Hanifi était dégouté de toute action de guerre. Il a jeté ses décorations dans l'oued voisin de sa maison et ne s'est plus occupé que de sa famille et de ses terres.

C'était sans compter avec le capitaine Gaudin, qui dirigeait la SAS de Nemours. Son travail était de recruter des Algériens, et de leur donner, à travers des travaux d'intérêt général, l'envie de la paix, de la paix française.

Il a été ainsi embauché avec Amar Tlemçani, pour divers travaux dont la réfection du chemin allant du poste au village.

Le chef de poste de Tient, Jean Lou Prache ou François Filachou, je ne sais plus lequel, lui a confié une certaine autorité sur les gens du village. Il a voulu l'armer d'une grenade offensive.

Lui savait bien que cet engin ne fait que du bruit, et ne blesse que celui qui oublie de le lâcher. Il a refusé.

Je revois la discussion.

L'un amicalement persuasif, l'autre amicalement refusant. Mais dans son regard il y avait la crainte d'être une nouvelle fois engagé dans un clan dont il ne voulait pas faire partie.

Hanifi ne nous a pas parlé des moments de l'indépendance.

Après notre séjour chez Hanifi, j'ai voulu montrer à Marie les endroits où j'avais exercé les consultations.

À Tient, la maison près de la mosquée, au-dessus de la boutique de l'épicier, était à nouveau occupée par un imam. Je n'ai pas voulu entrer.

À Bou Kedama, Mohamed Derkaoui nous a accueillis dans ce village qui ressemble à une petite cité fortifiée. C'était un village érigé en auto-défense à la demande de ses habitants à la suite de l'égorgement sauvage devant tout le village du vieux Derkaoui, grand père de Mohamed.

Il était assis contre le mur extérieur à l'ombre. Aucune hésitation. Nous nous sommes serrés dans les bras.

Il a raconté la vie de tous les jours, les morts, les mariages, les naissances.

À un moment, une femme est venue s'asseoir devant moi et m'a dit : « Me reconnais-tu ? - Bien sûr que non. Quand j'étais à Tient, elle avait sept ou huit ans. - Qu'as-tu fait du petit sac de terre que j'ai cherché à ta demande dans le marabout de Sidi Mohamed el Guendouz à Tient ? - C'était toi ? lui ai-je répondu très ému. Marie, dis-lui. » Et Marie lui a raconté tout. La boîte d'allumettes existe toujours. Elle est rangée dans le tiroir du haut de l'armoire de notre chambre à Angoulême.

Le petit Jésus de notre crèche familiale, emmailloté comme un nouveau-né algérien de cette époque, porte à l'extrémité de la cordelette en laine qui maintient les linges autour de son corps, un petit sac contenant comme il se doit de la terre de marabout, du marabout à cinq coupoles de Sidi Mohamed el Guendouz de Tient.

Elle était mariée, nous n'avons rencontré ni son mari ni ses enfants.

À Bou Ali, d'accès facile par la route goudronnée qui fait maintenant le tour de la cote 444, nous avons été accueillis par une famille qui me connaissait. Elle habitait la seule maison encore debout. Le reste du village avait été rasé pour être reconstruit en bas dans la vallée. Le silence avait remplacé les jeux des enfants et les bavardages des femmes.

Nous sommes allés aussi à Aïn Zemmour. La maison où je faisais la consultation était rasée. Les autres maisons autour étaient debout. Vengeance ?

La femme qui me la prêtait était partie à Oran. Elle me l'avait dit avant mon départ : « J'irai à Oran. » Ses deux fils étaient morts, l'un tué par les Français, l'autre par les rebelles, comme pour Kebli.

Les quelques personnes qui nous ont entourés pendant notre court séjour dans le village ne me reconnaissaient pas.

Hambli est venu nous voir dès qu'il a appris notre présence. Sa ferme est un peu plus loin en amont. J'aimais bien cet homme et sa famille, non pas pour une affinité pour les français, mais pour son esprit d'entreprise.

J'avais été appelé dans sa ferme qui est un vrai village, pour voir sa femme en cours d'accouchement. C'était grave, une présentation du front, qui ne peut pas sortir sans aide. Elle avait été évacuée à Nemours, césarisée, l'enfant avait vécu. Un peu plus d'un an plus tard, le même incident survenait.

Il avait un mariage chez lui ce jour là. Il nous invitait pour le lendemain. Nous ne sommes pas allés.

Compte tenu de ce que nous avions vu, ces maisons où j'avais fait consultation détruites, le village de Bou Ali rasé, peut-être aussi d'une certaine hostilité sourde que nous ressentions, nous ne sommes montés ni à Dar Ben Aïch, ni à Sidi Mohamed el Guendouz où le vieil homme et sa femme qui accueillaient la consultation dans leur maison étaient certainement morts depuis longtemps, ni à Sidi Brahim.

Tlemçani Amar

Le soir, nous avons couché chez Amar.

Il habitait dans le nouveau village de Tient, groupé autour d'une mosquée et de l'ancien poste.

Au crépuscule, la prière nous est tombée sur le dos du haut du minaret qui surplombait sa maison. Le haut parleur débitait une musique enregistrée, injonction à prier plutôt que véritable adresse à Dieu. Cela n'avait rien à voir avec la prière de la veille chantée du haut du minaret de la mosquée de Tient. Chant modulé, direct, prière du soir.

La soirée s'est passée à retrouver des souvenirs.

Amar Tlemçani est une autre figure de Tient.

Nous l'avons associé à Ahmed Hanifi, car ces deux hommes étaient apparemment inséparables. Et pourtant, l'histoire d'Amar est complètement différente de celle de son ami.

Au premier abord, il faisait peur. Il était borgne, avait une voix éraillée, mais rapidement son sourire faisait apparaître la partie de sa personnalité avenante, accueillante, presque aimable.

Il a lui aussi raconté sa vie par morceaux, en reprenant, en ajoutant des détails, mais rien n'était inventé.

Après la guerre de 1940, il est parti en France. La France avait besoin de main d'œuvre, les métiers difficiles, sales, dangereux, commençaient à être délaissés. Il est allé à Metz, dans son langage, cela se prononçait : « Mits Mousile ».

Il a travaillé comme mineur dans les mines de fer qui existaient encore. C'était un dur travail, bien payé, disait-il.

Il était bon musulman dans son cœur, mais le soir, seul, il aimait aller dans les bars, discuter avec toutes sortes de personnes, et bien sûr partager les boissons. Est-ce là qu'il a pris le goût de l'alcool qui ne le quittera plus et le conduira à sa perte ?

Il y avait dans un de ces bars un champion de boxe. Haut en couleurs et en paroles, il était le plus souvent ivre, et alors dangereux pour ses compagnons de boisson. Amar était petit, un peu malingre, en tous cas pas un hercule. L'autre, dans ses moments d'ivresse, le prenait en grippe, le taquinant puis l'insultant. Amar ne pouvait pas répondre. Il ne se sentait pas à la mesure de cet hercule. Mais un jour il lui dit des insultes graves, impossibles à reproduire. Puis il l'a frappé. Alors une juste colère s'est emparée d'Amar. Il a sorti un couteau, a poignardé le boxeur qui est tombé immédiatement, mort.

Je l'entends encore dire : « Je ne lui voulais pas de mal, seulement le piquer un peu, lui donner une petite leçon. Et puis, si tu savais, c'était un si petit couteau, pas plus grand que ça. »

Après ce meurtre, il s'est enfui dans la campagne. Il a dormi à la belle étoile pendant plusieurs semaines, mangeant ce qu'il pouvait chaparder de part et d'autre et ce que les paysans lui donnaient par pitié. Il était recherché. Ce qui devait arriver est arrivé, il a été arrêté, emprisonné et condamné. Pendant son procès il a clamé haut et fort son droit de légitime défense. Rien n'y a fait.

Il s'est enfui de la prison de Metz. Il a repris sa vie errante, et est parvenu à retourner en Algérie de façon très clandestine, avec des faux papiers, en passant par Marseille. Ce devait être vers les années 1955.

Il s'est marié avec Rahma, a eu des enfants. La SAS de Tounane l'a embauché comme ouvrier dans les chantiers de routes.

Nous avons fait connaissance.

J'ai mis au monde un de ses enfants. Je partais en permission le lendemain, et à mon retour j'ai appris que l'enfant était mort de tétanos probablement d'origine ombilicale, car Amar était partisan des pansements traditionnels de l'ombilic, avec toutes sortes de choses assez répugnantes.

J'aimais bien cet homme, simple, direct, pas violent du tout, mais aussi soupe au lait, capable de tuer en cas d'agression jugée excessive.

Après l'indépendance il est rentré en France, avec les harkis.

Il avait trop travaillé avec les français.

Vers 1965, nous avons reçu, Marie et moi, une lettre puis un téléphone demandant de l'aide. Il travaillait alors chez Loréal, était bien payé et heureux. Sa femme était restée à Tient. Mais l'histoire de l'assassinat du boxeur, son évasion de la prison de Metz, le poursuivaient. Il était donc toujours recherché. La police l'a retrouvé et l'a emprisonné à nouveau. Les circonstances étaient différentes. Une expulsion probable aurait été un drame, car il n'était pas sûr que de l'autre côté on ne l'attendait pas.

J'ai écrit des courriers au tribunal, expliquant son attitude envers la France pendant la guerre d'Algérie, les services qu'il avait rendus, exposant le danger d'un retour.

Il y a eu un procès à Pontoise. Je me mis en relations avec son avocat, Maître Naud, un avocat célèbre. Quelques jours après le procès, il m'envoya une lettre me disant qu'Amar avait été condamné à l'expulsion, et il ajoutait qu'il avait oublié de se rendre à l'audience !

Amar est donc revenu en Algérie, à Tient.

Il travaillait comme ouvrier agricole et sur les chantiers.

Dans les années 1970, nous avons reçu à Angoulême un téléphone de lui.

« Je suis en France, je passerai par Angoulême pour vous revoir lors de mon voyage de retour. »

Il est arrivé par le train de Paris. Il avait des bagages énormes et nombreux : des ballots de vêtements, des valises. Marie et moi étions sidérés par ce petit homme mal habillé, borgne, riant à haute voix et nous sautant au cou pour nous embrasser sur le quai de la gare.

Il est resté quelques jours chez nous. Il ne cessait pas de nous encourager à mieux soigner nos arbres fruitiers.

« Y faut qu't'y biouche ! » Et il a pioché au pied de quelques arbres.

Il est reparti comme il était venu, avec un peu plus de bagages, car nous lui avions procuré encore des ballots de vêtements. Cette fois, le chef de gare s'est approché de ce groupe étrange formé d'un Algérien entouré de ballots accompagné de deux bourgeois de la ville. Comme la discussion était calme, il nous a laissés et s'est éloigné.

En 1985, lors de notre passage chez lui, c'était un homme triste, renfermé, sans travail, vivant dans une maison sous le minaret de la mosquée du nouveau village sur le plateau.

Rahma avait vieilli. Ils habitaient seuls.

Un drame nouveau était survenu quelques mois auparavant. Il conduisait un tracteur, ivre comme souvent. En reculant, il n'a pas vu un de ses garçons et l'a écrasé. Il sanglotait en en parlant, promettant de ne plus boire.

Il nous a accompagnés pendant nos visites, mais le cœur n'y était pas.

Nous avons appris sa mort quelques années plus tard.

Il fallait rentrer. Nous avions choisi de passer par Alger. Le car était la meilleure façon d'y aller en visitant un peu.

Il me reste peu de souvenirs de ce voyage. Senouci nous a recommandés au chauffeur qui nous a placés aux premières places à l'avant du car.

Le paysage nous était ainsi bien visible et un peu d'air nous parvenait par la fenêtre de devant largement ouverte.

Senouci m'a dit plus tard qu'un jeune l'avait pris à partie après notre départ, en lui reprochant de s'occuper ainsi de deux français. Il y aurait eu une querelle et quelques coups.

La coopération
En cancérologie

Après la mort de Leïla, une coopération technique s'est établie entre le service de pédiatrie de l'hôpital d'Angoulême que je dirigeais et le Centre Emir Abdelkader à Oran (CEA), centre de référence pour le traitement des enfants cancéreux de la région d'Oran.

Cette coopération se faisait par l'intermédiaire de l'association d'aide aux enfants cancéreux (AAEC). Cette asso-ciation était présidée par Monsieur Lahouari Missoum, homme avisé, entreprenant et aimant les enfants malades comme un grand père. Il obtenait beaucoup d'argent auprès de personnes généreuses en particulier au moment du Ramadan pendant lequel il est d'usage de donner ce que l'on peut. C'est ainsi qu'un exploitant aricole qui venait de s'installer, avait fait cadeau de la toatlité de sa première récolte.

Le docteur Meziane Aguercif, chef de service du CEA, m'a demandé d'accueillir dans mon service à Angoulême des enfants malades de divers cancers pendant des séjours de quelques semaines, pour leur donner la séquence de traitement dont les médicaments manquaient en Algérie.

C'est ainsi que j'ai eu l'occasion d'y retourner trois fois.

Marie n'est pas revenue à Saïda.

Le premier déplacement m'a fait connaître le centre Emir Abdelkader.

Le voyage a été long et simple. J'étais seul dans le wagon entre Angoulême et Bordeaux, puis jusqu'à Toulouse. J'avais l'impression de partir tout seul en Algérie ! C'est dans l'aéroport que je me suis aperçu que je ne partais pas seul !

Les Algériens ont rempli petit à petit la salle d'attente. Ils s'installaient comme si cela devait durer huit jours. Les vieux, les parents et les enfants, les femmes et les paquets, les gâteaux, les petits pains, les bonbons, les sucettes, les papiers d'emballage.

Plus d'une heure avant le début de l'enregistrement il y avait déjà une queue (se dit chaîne en Algérie), ordonnée, qui partait du guichet et obstruait complètement la porte d'entrée en face. J'étais probablement le seul Français d'origine.

À l'ouverture du guichet, j'étais en Algérie, avec une grande pagaille multicolore et jacassante, une presse incroyable, inquiète et aimable. Mon gros carton contenant des médicaments précieux a été placé en soute. Il a été bloqué à la douane à la sortie avec l'assurance qu'il serait livré le lendemain, ce qui fut fait.

Dans l'avion, j'ai fait l'écrivain public pour mes voisins, ceux de devant et ceux de derrière. J'étais très touché de voir que j'étais préféré aux Algériens, parlant pourtant français, très élégants et assis à côté de moi.

À la sortie à Oran, Aguercif m'a conduit vers son auto, une sorte de Fiat fabriquée au Brésil, de couleur orange qui faisait un bruit de ferraille extraordinaire.

Nous mettions les paquets dans l'auto quand il m'a dit : « Tiens, voilà peut-être des gens pour vous . »

Nous étions entourés de trois hommes silencieux. Le troisième était Senouci. Nous nous sommes embrassés longuement, sous le regard étonné des autres.

Aguercif m'a logé à l'Hôtel Royal, République démocratique et populaire oblige. C'est un hôtel superbe, repeint récemment, avec des serviteurs en veste blanche, un service de grand luxe. Un restaurant où deux repas très simples, d'un plat et un dessert, avec de l'eau, coûtaient plus cher qu'une journée de séjour d'un malade au CEA.

La première prise de contact avec Aguercif autour d'un plat à l'hôtel, après débarbouillage, m'a mis à l'aise. Il m'a exposé son souci : l'optimisation des soins. Adapter les protocoles de soins, le choix des médicaments, aux possibilités locales. Savoir quels patients doivent être écartés. C'était le plus douloureux mais il fallait le faire.

Madame Fatiha Meziane son épouse, alors à Lyon, dirigerait le service à son retour de stage.

Aguercif est né en Kabylie, ses parents se sont convertis au catholicisme. Ils sont partis en France avant l'indépendance et ses sœurs se sont mariées à des Français.

Sa mère était revenue en Kabylie. Son père était mort.

En 1957, il militait pour le FLN en France. Il a été emprisonné un an, puis il est parti en Suisse où il a fait ses études de médecine. Il est retourné en Algérie en 1973, par choix personnel. Il est le seul de sa famille à avoir choisi l'Algérie. Sa première femme et ses enfants sont restés en France.

Cette curieuse vie explique beaucoup de choses. Il parlait mal l'arabe algérien et ne discutait jamais avec les parents des enfants hospitalisés. Il ne faisait pas de consultations, probablement à cause de cela.

Il ne comprenait pas non plus l'arabe de la télévision algérienne. Il parlait français dans son service à tout le monde. Tous les échanges se faisaient dans notre langue. C'est peut-être pour cette raison qu'il était mal accepté par ses confrères et les autres professeurs et qu'il était heureux dans son centre, à l'écart de la ville, dans ce pays ou tout est conflit, où chacun se faisait la guerre pour parvenir.

Il se consacrait surtout à la gestion, essayant de boucler les dépenses avec 250 dinars algériens par jour[3] et par enfant, 80% pour la paye du personnel, le reste pour….le reste !

Il essayait de trouver une solution à ce problème par définition insoluble en questionnant son ordinateur, comme la sorcière de Blanche Neige son miroir.

Mettre trop d'enfants dans pas assez de lits, programmer des traitements séquentiels pour éviter qu'un lit soit vide. Aller très vite.

Convoquer des enfants avec un téléphone en panne et un vaguemestre qui bloque le courrier.

---

[3] La conversion du dinar algérien 1987 en euros actuels est impossible. En 2017, 1 DA = 0,008 €

Envoyer des enfants en France pour des compléments de traitement, et aussi faire fonctionner son service, lire les lames des biopsies, faire des choix de traitement, décider.

Il souhaitait, avec son ordinateur, pouvoir prévoir la gestion de la quantité de médicaments dont il disposait, par définition insuffisante.

J'ai ainsi compris petit à petit ce que voulait dire : « optimisation ». Cela consistait à faire du mieux possible avec peu de choses.

J'ai compris que cet homme n'était pas fou comme on me l'avait dit, mais vraiment homme et médecin. Il travaillait au mieux qu'il pouvait, avec ce qu'il avait, et j'ai eu un grand respect pour lui.

J'ai compris l'attachement assez extraordinaire que, à cause de sa façon de faire, ses collaborateurs lui portaient. Certains avaient demandé spécialement à venir travailler avec lui.

J'ai appris auprès d'Aguercif que nos protocoles européens de traitement des cancers n'étaient pas universels. Que lui-même n'y était pas très attaché parce qu'européens peut-être mais aussi parce que trop lourds et dangereux dans les conditions locales d'exercice bien sûr.

Ce séjour fut plein de contrastes. J'étais hébergé dans un super-hôtel. Je sortais et allais au CEA, hôpital pauvre.

Oran est une ville que j'aime beaucoup. Très aérée, avec un boulevard de front de mer surplombant le port, de grandes et larges avenues, de beaux monuments anciens, des immeubles de type espagnol. Il y avait aussi une vie très méridionale.

Pendant les promenades du soir, je n'étais pas dérangé et si on m'a beaucoup regardé on ne m'a ni ignoré ni agressé.

Le docteur Mohamed Bensekrane, son principal collaborateur, m'a conduit l'après midi à la citadelle. De là, la vue était admirable sur toute la ville et le port. Il parlait. Pénurie, difficultés. Absence de pièces détachées. Pas de possibilité de distractions pour la plupart des gens, marché noir, et nomenklatura.

Finalement nous avons pu nous mettre d'accord sur certains points pour lesquels l'hôpital d'Angoulême pourrait apporter une aide.

Cette aide a duré plusieurs années.

Une convention a été faite avec l'AAEC.

La Fondation Leïla Fodil a aidé à l'équipement en objets de distraction des enfants d'un centre de repos à Cap Blanc, endroit idyllique donné en cadeau par le président Chadli.

Elle a fait l'achat en France,pour le compte de l'AAEC, de médicaments difficiles à trouver en Algérie. Un circuit d'expédition bénéficiant d'aides personnelles d'Algériens a été trouvé.

Zohra Belhadjine, surveillante du service est venue en stage à l'hôpital d'Angoulême. Danielle Maillet, qui s'occupait de l'hôpital de jour, lui a donné des informations précieuses.

La Fondation a invité le docteur Mohamed Bensekrane à visiter l'Institut Gustave Roussy à Paris et le service de pédiatrie d'Angoulême pour observer comment était faite la scolarisation et la distraction des enfants.

Quinze enfants atteints de divers cancers ont été accueillis à l'hôpital d'Angoulême pour y recevoir des séquences de traitements qui n'étaient pas réalisables à Oran. Les frais étaient payés par la sécurité sociale algérienne. Pendant leurs séjours, des familles charentaises les ont hébergés.

Les événements dramatiques survenus entre 1993 et 2004 ont fait cesser les relations.

En 2004, j'ai reçu une invitation de l'AAEC à reprendre les relations. Le pays était redevenu calme.

À Oran, beaucoup de changements étaient survenus.

Le médecin avait changé. Madame Meziane Aguercir, menacée par les extrémistes, avait été contrainte à la fuite. Son mari avait lui aussi quitté le pays. Le nouveau médecin était rempli de bonne volonté, mais moins compétent qu'eux.

L'AAEC avait aménagé une maison au centre de la ville, destinée à accueillir les parents qui venaient visiter leurs enfants hospitalisés. J'y ai été hébergé.

Monsieur Lahouari Missoum, président de l'AAEC était sensible aux longs séjours des enfants. J'ai travaillé avec l'équipe de soins et celle de l'AAEC à un projet de formation de personnels médicaux et infirmiers dans les villes secondaires de la province, qui permettrait de surveiller et de traiter les enfants entre les séquences de traitements lourds qui seuls seraient faits au centre. La Fondation Leïla Fodil aurait pris en charge certains frais.

Quelques mois après ce séjour, un fax de l'AAEC m'apprenait qu'un financement de l'Union Européenne de 100 000 € était sur le point d'être obtenu pour ce projet.

La coopération avec la Fondation a alors cessé. Nous n'étions pas au même niveau financier.

Je n'ai pas de nouvelles depuis.

Avec la famille Fodil

Lors de chaque visite, j'allais à Saïda.

La pemières fois, j'avais un peu peur de me retrouver seul avec Senouci et Nadia. Peur stupide, car leur simplicité et la chaleur de leur accueil m'ont fait un immense bien au cœur.

Senouci est venu me chercher dans une 4L appartenant à S'Mahi, un de ses amis. Elle avait les roues qui s'écartent, comme si la caisse pliait au milieu. Nous sommes arrivés à la nuit chez Nacer son frère de lait. Il y avait aussi Nadia et les enfants. Une chambre pour moi, sur un matelas par terre, une pour la famille Fodil, une pour Nacer et son épouse Rachida qui est restée à côté de moi dans la cuisine à bavarder de choses et d'autres pendant que je mangeais le petit déjeuner.

C'était la première fois qu'il y avait tant de visites chez elle.

C'était la première fois qu'elle voyait Nadia, et probablement qu'elle bavardait aussi librement avec un français.

Après deux jours d'hésitations, Senouci m'a dit pourquoi il ne voulait pas me recevoir chez lui : les WC de sa maison étaient cassés. L'égout était bouché. Il était donc un peu honteux. Mon acceptation lui a fait plaisir. Nous partagions les petits ennuis de la famille et c'était bien ainsi.

Grâce à son commerce, il construisait une nouvelle maison sur un terrain appartenant à la famille Chougrani. Le permis de construire avait été obtenu moyennant une prime supplémentaire. Il avait aussi un droit d'acheter du ciment (et d'en procurer ainsi à d'autres) ainsi que des matériaux.

Il avait commencé tout seul les fondations avec une pelle et une pioche prêtées par un ami.

Nous sommes allés prier sur la tombe de Leïla et de son grand père. Kader, qui avait vendu sa voiture, a demandé à son acheteur de la lui prêter. J'ai emmené Senouci, sa mère, Nadia et les deux enfants. Je retrouvais le chemin sans hésiter.

Un peu de vent dans les buissons était le seul bruit de la nature. Un troupeau de moutons paissait entre les tombes.

Nous avons prié. Et après, le petit Mohamed et moi sommes allés voir le gros bélier qui avait des cornes superbes.

Tout le reste ne fut que petites anecdotes. Tout était bien comme cela. Quelle que soit sa peine, la famille Fodil continuait à vivre activement.

Les années suivantes furent d'abord calmes.

Puis vinrent les événements qui secouèrent cruellement l'Algérie.

Peu après notre visite de 1985, Nadia a reçu en don de son grand père Chougrani un terrain proche de sa maison. Senouci a construit dessus un magasin. Il prévoyait de faire un étage pour y habiter. Il s'est associé avec son ami Nacer pour vendre des appareils de lutte contre l'incendie. Puis il a acheté un café. Il était bien situé sur un boulevard, avec quelques tables minuscules sur le trottoir. Il a pu bénéficier de la qualité de son père reconnu comme ancien combattant pour obtenir la licence. Ce fut la meilleure période de sa vie. Ce café ne vendait pas de boisson alcoolisée. J'y ai bu un café avec lui, en admirant les décorations murales qu'il avait fait peindre. Il l'avait nommé café Leïla. Mais bientôt tous les gens de Saïda l'ont appelé le « café islamiste, le café des barbus. »

En 1987, quand je venais à Saïda, Senouci parlait beaucoup de la poussée islamiste. Il tenait de ce côté. L'argument simple était que les candidats aux élections se présentant comme soutenant les règles de l'Islam, ne pouvaient par leur honnêteté apporter que du mieux–être dans la gestion des affaires publiques. Des dirigeants religieux ne pouvaient qu'être intègres. Je lui ai dit mes réticences. La lecture de ce qui se passait ailleurs ne me faisait présager rien de bon. Je n'étais pas le seul. Il ne voulut rien entendre.

En Aout 1988, nos enfants Agnès, Isabelle et André sont allés à Saïda.

Un jour, ils nous ont questionné : « Nous souhaitons partir en vacances tous les trois. Est-ce que vous nous prêteriez la voiture ? » C'était une Peugeot en break de couleur grenat. Ce mois-là nous restions à Angoulême. La 2 CV nous suffisait pour aller à l'hôpital et pour les divers déplacements de la vie courante.

Nous avons répondu : Oui, bien sûr. Puis : Mais au fait, où allez-vous ?

Nous voulons aller à Saïda visiter la famille de Leïla. Nous passerons par le Maroc.

Cela a fait « gloups » dans notre tête, mais nous avions confiance et nous avons accepté. Nous étions très émus de savoir le souvenir de Leïla encore bien vivant. Ils sont partis. Ils sont revenus heureux.

Les années suivantes n'ont été pour la famille Fodil qu'une succesion de drames.

Les islamistes ont été exclus de la direction du pays. Ils se sont rebellés. Ainsi a commencé cette période de plus de dix ans marquée par des attentats, des assassinats, des massacres, au nom de l'Islam devenu rebelle.

Le café islamiste de Senouci, café des barbus, s'est transformé en centre de propagande et de réunions. Bien sûr, le gouvernement l'a fait fermer.

Le magasin de vente d'appareils contre l'incendie a périclité. Nacer, qui n'était pas être du même bord, l'a abandonné.

Les islamistes ont contraint Senouci, considéré comme un riche possédant, à participer à l'effort de guerre. Il a dû tout vendre : le café, le magasin, se couvrir de dettes. Les réunions politiques étaient arrosées d'alcool. Il s'est mis à boire et n'a pas pu s'en sortir.

La déchéance est venue.

Les protestations de Nadia n'y ont rien fait. Bientôt, il l'a querellée, puis battue. Une plainte a été déposée. Il a été emprisonné pendant un mois.

La famille de Nadia souhaitait le divorce. Elle, qui aimait toujours son mari, s'y est refusée.

En 2004, la misère s'était installée dans la famille Fodil.

Madame Fodil était partie à Béchar où elle avait une partie de sa famille. Senouci et Nadia habitaient seuls dans la maison du 13 rue Moulay Mustapha. Les enfants avaient abandonné leurs études. Mohamed avait épousé une fille de rien qui lui réclamait des robes. Les autres, encore jeunes, ne trouvaient pas de travail. Dans la maison il n'y avait plus un meuble.

Senouci voulait reprendre son travail, il demandait des outils, un local, mais peu après reprenait la boisson, buvait ses économies et la famille mourait de faim.

Pendant plus d'un an, nous avons envoyé chaque mois une petite somme pour permettre la survie. Puis nous avons dû cesser, le cœur brisé.

Karima, sœur cadette de Senouci qui habitait à Béchar, a pris en mains avec beaucoup de bonne volonté le redressement de son frère qui a cessé de boire. Elle nous a demandé d'étudier à nouveau une aide efficace aux enfants Fodil. L'achat d'une camionnette, devait permettre aux enfants de gagner leur vie en faisant des transports. Elle a été vendue pour en acheter deux d'occasion. Aux dernières nouvelles, ils se débrouillent.

Nadia et Senouci se sont séparés. Elle vit seule, pauvrement. Je ne sais pas ce qu'il est devenu.

Conclusion

Ce livre n'est ni une autobiograhie, ni une confession, ni une révision de vie.

Quand j'ai décidé de partir en Algérie, je voulais, en participant à la guerre qu'on n'appelait alors encore que « les événements », me rendre compte par moi-même de ce qui se passait, alors que les informations par la radio ou la télévision me paraissaient parfois bien déformées. Qui étaient ces Algériens qui, bien que Français, étaient animés d'un désir d'indépendance et pourquoi ?

Pendant mon séjour, j'ai reçu plus que je n'ai donné. J'ai vu ce qu'était la pauvreté des habitants des douars. J'ai vu le dénuement dans lequel la France les avait laissés alors qu'elle occupait ce pays depuis 150 ans.

Je ne pouvais pas continuer une vie de médecin sans tenir compte dans mes activités de ces détresses, qui n'étaient pas réservées à l'Algérie.

À l'époque, je ne savais pas comment.

J'ai eu la chance de rencontrer Marie. Nos trois enfants sont venus. Je lui ai fait partager ce que j'avais vécu et mes interrogations. Elle les partageait. Nous savions qu'une partie de notre existence serait consacrée aux enfants pauvres des pays en développement.

Mais je devais d'abord, grâce aux stages d'internat, acquérir une compérence.

Après l'Internat, la réanimation à Saint Vincent de Paul, la création du sevice de pédiatrie de l'hôpital d'Angoulême, m'ont donné une aisance pédiatrique.

La venue de Leïla nous a rappelé notre décision. Ce fut un signe.

Dès son passage et ensuite, nous avons tous les deux consacré une partie puis toute notre énergie à la Fondation Leïla Fodil.

Notre vie est ainsi une suite de hasards, d'opportunités à saisir. Comme nous sommes chrétiens, nous y voyons aussi l'aide à chaque étape, de l'Esprit Saint. C'est lui qui nous a donné la joyeuse certitude que nous faisions ce que nous devions faire. Nous l'avons invoqué aux moments des décisions. Nous n'avons jamais été déçus.

Maintenant, au seuil de notre vie, nous souhaitons que ce témoignage aide les jeunes qui liront ce livre, à choisir dans leur vie les chemins qui conduisent, par l'amour, à aider ceux qui n'attendent que leur présence fraternelle.

Annexes

Extraits du discours du Général de Gaulle

En France
Le 16 septembre 1959

...Pourtant devant la France, un problème difficile et sanglant reste posé : celui de l'Algérie. Il faut le résoudre. Nous ne le ferons certainement pas en nous lançant les uns les autres à la face, les stériles et simplistes slogans de ceux-ci ou de ceux-là qu'obnubilent, au sens opposé, leurs intérêts, leurs passions, leurs chimères, nous le ferons comme une grande nation. Et par la seule voie qui vaille, je veux dire, là, le choix que les Algériens eux-mêmes feront de leur propre destin.

Il faut dire que beaucoup a été fait déjà pour préparer cette issue par la pacification d'abord, car tant qu'on tire et qu'on égorge, rien ne peut être réglé. Je ne dis pas qu'à cet égard, nous en soyons au terme. Mais je dis qu'il n'y a aucune comparaison entre ce qu'était voici deux ou trois années la sécurité des personnes et des biens et ce qu'elle est aujourd'hui.

Notre Armée accomplit sa tâche courageusement et habilement, non seulement en combattant l'adversaire, mais aussi en prenant avec la population des contacts larges et profonds qui n'avaient jamais été pris, que nos soldats, en particulier les 120.000 qui sont musulmans aient fléchi devant leur devoir ou que la masse algérienne se soit tournée contre la France, alors c'était le désastre. Mais comme cela n'est pas arrivé, le succès de l'ordre public bien qu'il ne soit pas encore imminent est maintenant clairement en vue.

La deuxième condition d'un règlement, c'est que tous les Algériens aient le moyen d'exprimer leur volonté par un suffrage vraiment universel. Jusqu'à l'année dernière, ils ne l'avaient jamais eu. Ils l'ont à présent grâce à l'égalité des droits, au collège unique, au fait que les communautés les plus nombreuses, celles des musulmans sont assurées d'avoir dans tous les scrutins une grande majorité d'élus. Ça a été là un changement de la plus vaste portée, littéralement une révolution.

Le 28 septembre dernier, les Algériens ont donc voté la Constitution et manifesté à ce sujet leur intention que leur avenir se fasse avec la France. Le 30 novembre, ils ont élu leurs députés, le 19 avril, leurs conseillers municipaux, le 31 mai, leurs sénateurs, je sais bien qu'il ne manque pas de gens pour prétendre que dans la situation où se trouvent les électeurs pressés par les forces de l'ordre et menacés par les insurgés, de telles consultations n'ont pu être sincères que dans une mesure limitée. Cependant elles ont eu lieu dans les villes et dans les campagnes avec une grande masse de votants et même lors du référendum, le concours a été général, spontané et enthousiaste. En tout cas, la voie est ouverte, à mesure de l'apaisement, elle pourrait être utilisée encore plus largement et encore plus librement.

Dès l'an prochain, seront élus les conseils généraux d'où l'on pourra tirer les grands conseils, certains grands conseils économiques administratifs, sociaux, qui délibèreront auprès du délégué général du développement de l'Algérie.

Car pour résoudre la question algérienne, il ne suffit pas de rétablir l'ordre et de donner aux gens le droit de disposer d'eux-mêmes. Il faut traiter un problème humain. Là végètent des populations doublant tous les trente-cinq ans sur une terre en grande partie inculte dépourvue de mines, d'usines, de sources puissantes d'énergie. Ces populations sont pour les trois-quarts plongées dans une misère qui est comme leur nature.

Il faut que les Algériens puissent vivre en travaillant, que leurs élites se dégagent et se forment, que leurs sols et leurs sous-sols produisent beaucoup plus et beaucoup mieux, cela implique un vaste effort de mise en valeur économique et de développement social, or cet effort est en cours.

En 1959, la France aura dépensé en Algérie pour ne parler que des investissements publics et des frais de gestion civile, environ 200 milliards. Elle en dépensera davantage dans chacune des années prochaines à mesure que se réalisera le plan de Constantine. Depuis 10 mois une centaine d'usines ont demandé à s'installer. 8. 000 hectares de bonne terre sont en voie de distribution à des cultivateurs musulmans. 50. 000 Algériens de plus travaillent dans la Métropole. Le nombre des emplois publics occupés par des Algériens, par des musulmans s'est augmenté de 5. 000. Et quant aux écoles, l'actuelle rentrée les voit recevoir 860. 000 enfants; alors que la rentrée dernière en voyait arriver 700. 000 et celle d'avant 560. 000.

Dans six semaines, le pétrole d'Hassi Messaoud arrivera à la côte à Bougie. Dans un an, celui d'Edgelé atteindra le Golfe de Gabes. En 1960, le gaz d'Hassi Rmel commencera à être distribué à Alger et à Oran en attendant qu'il ne soit à Bône que la France veuille et qu'elle puisse poursuivre cette vaste entreprise avec les Algériens, entreprise dont seule elle est capable.

Dans 15 ans, l'Algérie sera un pays prospère et productif.

Grâce au progrès de la pacification, au progrès démocratique, au progrès social, on peut maintenant discerner le moment où les femmes et les hommes qui habitent l'Algérie seront en mesure de décider de leur destin une fois pour toutes, librement en connaissance de cause.

Compte tenu de toutes les données algériennes, nationales, internationales du problème, je considère comme nécessaire que ce recours à l'autodétermination soit proclamé aujourd'hui. Je poserai la question aux Algériens, en tant qu'ils sont des individus, car depuis que le Monde est le Monde, il n'y a jamais eu d'unité, ni à plus forte raison de souveraineté algérienne. Carthaginois, Romains, Vandales, Byzantins, Arabes de Syrie, Arabes de Cordoue, Turcs, Français ont tour à tour pénétré le pays sans qu'à aucun moment et d'aucune façon il y ait eu un état algérien.

Quant à la date du vote, je la fixerai le moment venu, mais au plus tard quatre années après la paix revenue. J'entends par là une situation telle qu'embuscade et attentat ne coûteront pas la vie de plus de 200 personnes en un an.

Ce critérium permettra de commencer la période où tout devrait être remis en place, où les libertés publiques et individuelles seront rétablies, où la vie normale reprendra, où les prisons et les camps seront vidés, où les exilés pourront rentrer et où la population sera en mesure de prendre conscience de l'enjeu. Je déclare d'avance que j'invite à cette consultation, à assister à cet aboutissement décisif, j'invite les informateurs du Monde entier et je leur garantis qu'ils pourront faire leur office sans entrave.

Mais ce destin politique que les Algériennes et les Algériens auront à choisir dans la paix: quel peut-il être? Comme il est de l'intérêt de tout le Monde et comme il est dans l'intérêt de la France que la question soit tranchée sans aucune ambiguïté en regardant les choses comme elles sont. En fait de destin politique, chacun sait qu'on peut en imaginer trois. Eh bien, les trois solutions concevables feront l'objet de la consultation.

Ou bien la sécession où certains croient trouver l'Indépendance. Alors la France quitterait les Algériens qui auraient manifesté la volonté de se séparer d'elle. Ils organiseraient sans elle le territoire où ils habitent, les ressources dont ils peuvent disposer, le Gouvernement qu'ils souhaitent. Pour ma part, je considère qu'un tel aboutissement serait invraisemblable et désastreux. L'Algérie étant actuellement ce qu'elle est et le Monde ce que nous savons, la conséquence de la sécession serait une misère épouvantable, un affreux chaos politique, un égorgement généralisé et bientôt la dictature belliqueuse des communistes. Mais il faut que le démon soit exorcisé et qu'il le soit par les Algériens. Car si par un extraordinaire malheur, il devait arriver que telle fût leur volonté, la France cesserait à coup sûr de consacrer tant de valeur et tant de milliards à une cause sans espérance. Dans cette triste hypothèse, il va de soi que ceux des Algériens de toute origine qui voudraient rester français, le resteraient. Que la France réaliserait si c'était nécessaire leur regroupement et leur établissement et que toute disposition serait prise pour que l'exploitation, l'acheminement, l'embarquement, du pétrole saharien qui sont l'oeuvre de la France et qui intéressent tout l'Occident soient assurés quoi qu'il arrive.

Ou bien la francisation complète telle qu'elle est d'ailleurs impliquée dans l'égalité des droits. Les Algériens pouvant accéder à toutes les fonctions politiques, administratives, judiciaires, entrer dans tous les services publics, bénéficiant en fait de traitement, de salaire, d'assurances sociales, d'instruction, de formation professionnelle, de toutes les dispositions prévues pour la Métropole, résidant et travaillant où bon leur semble, sur toute l'étendue du territoire de la République. Bref, vivant en moyenne sur le même pied, au même niveau que les autres citoyens et faisant partie intégrante du peuple français qui dès lors s'étendrait effectivement depuis Dunkerque jusqu'à Tamanrasset.

Ou bien le gouvernement des Algériens par les Algériens appuyé sur l'aide de la France et en union étroite avec elle pour l'économie, l'enseignement, la défense, les relations extérieures. Dans ce cas, il faudrait que le régime intérieur de l'Algérie fût du type fédéral pour que les communautés diverses, françaises, arabes, kabyles, mozabites etc., qui cohabitent dans le pays, y trouvent des garanties de leur vie propre et un cadre pour leur coopération.

Mais puisque depuis l'année dernière, par le suffrage égal, le collège unique, la représentation musulmane majoritaire, il est acquis que de toute façon l'avenir des Algériens est dans les mains des Algériens, puisqu'il est aujourd'hui proclamé solennellement et formellement qu'une fois la paix revenue les Algériens feront connaître le destin qu'ils veulent adopter, qu'ils n'en auront pas d'autre et que tous quel que soit leur programme, quoi qu'ils aient fait et d'où qu'ils viennent pourront s'ils le veulent participer à la consultation, quel est le sens de l'insurrection? Si ceux qui la dirigent revendiquent pour les Algériens le droit de disposer d'eux-mêmes, eh bien les voies sont ouvertes. Si les insurgés craignent qu'en cessant la lutte ils ne soient exposés à être livrés à la justice, il ne tient qu'à eux de régler avec les autorités, les conditions de leur libre retour comme je l'ai proposé en offrant la paix des braves. Si les hommes qui constituent l'organisation politique du soulèvement entendent n'être pas mis à l'écart des débats, des scrutins, des institutions qui règleront le sort de l'Algérie et assureront sa vie politique, j'affirme qu'ils auront comme les autres et ni plus ni moins la place, l'audience, la part que leur assureront les suffrages des citoyens.

Encore une fois, les combats odieux, les attentats fratricides qui ensanglantent encore l'Algérie, pourquoi continueraient-ils désormais ? À moins que ne soit à l'oeuvre un groupe de meneurs ambitieux qui sont résolus à établir par la force et par la terreur leur dictature totalitaire et qui se figurent qu'un jour la République leur accordera le privilège de traiter avec eux de l'avenir politique de l'Algérie, les bâtissant par là même comme un gouvernement algérien. Il n'y a aucune chance pour que la France se prête à un pareil arbitraire.

Le sort des Algériens appartient aux Algériens, non pas comme le leur imposeraient les couteaux et les mitraillettes, mais comme ils le diront eux-mêmes, légitimement par le suffrage universel. Avec eux et pour eux, la France garantira la liberté de leur choix. Pendant les quelques années qui s'écouleront avant l'échéance, il y aura beaucoup à faire pour que l'Algérie toute entière mesure les tenants et les aboutissants de sa propre détermination.

Je compte moi-même m'y employer.

D'autre part, le moment venu, les modalités de la future consultation devront être en détail élaborées et précisées.

Mais la route est tracée, la décision est prise, la partie est digne de l'avance.

Etat des services militaires
de Jean Bernard Joly

Appelé Matelot de 3° classe du 1. 07. 1959
C.F.M. Hourtin du1.07.59 au 11.08.1959
D.B.F.M du11.08.59 au 17.04.1961
Nommé Médecin Aspirant de Réserve le 01.12.59
Nommé Médecin de 3° Classe le 09.08.60 ,du 1.07.1960
Promu Médecin de 2° Classe le 01.03.61 du 1.07.1959
Etablissement Maritime d'Indret du 17.04.61 au 07.08.1961
Escorteur d'Escadre D'Estrées du 07.08.61 au 18.10.1961
Rayé des contrôles de l'activité du18.10.1961

Décorations :
Croix de la Valeur Militaire (étoile d'argent)
10 décembre1960

**Texte de la citation accompagnant l'attribution de la
Croix de la Valeur Militaire à Jean Bernard Joly**

Mers-El Kebir, le 10 Décembre 1960

Le Vice-Amiral Queerville
Préfet Maritime de la IV° Région
Cite à l'ordre de la Division :
Le Médecin de 3° Classe (Réserve) Joly (B.J.), de la Demi-
Brigade de Fusiliers Marins.

« Médecin de Marine de Réserve, de grande valeur, affecté depuis plus d'un an au Quartier Intérieur de la Demi-Brigade de Fusiliers Marins ; a participé à de nombreuses opérations au cours desquelles il se fit remarquer par son allant et la confiance qu'il entretenait chez les hommes.

Par ses belles qualités humaines, a pris part avec une efficacité exceptionnelle à l'œuvre de pacification.

Sa générosité, son dévouement gagnèrent à la France, la confiance de la population.

Sa grande activité, son esprit dynamique trouvèrent leur emploi dans la création de salles de consultations et d'ouvroirs dans les villages, facilitant les tâches pacificatrices des équipes de contact et multipliant les liens entre l'armée et la population. «

Cette citation comporte l'attribution de la Croix de la Valeur Militaire avec Etoile d'Argent.

Etat des services militaires de Ahmed Hanifi

Ahmed ben Mohamed Hanifi est né en 1923 à Souhalia Département d'Oran. Fils de Mohamed ould Ahmed et de Meriem Fatma bent Bouazza
Classe1942

Engagé volontaire pour 4 ans le 19/6/42 au 6° régiment de tirailleurs algériens. Combat en Tunisie. Démobilisé par fin de contrat et renvoyé dans ses foyers le 19/6/46

Rengagé le 21/7/47
Premier séjour en Indochine du 18/4/49 Affecté au 2° R.T.A
Puis au 3° R.T.A. le 1/2/50. Rapatrié normal le 31/7/51
Nommé Caporal-chef le 16/1/52. Désigné pour faire partie du détachement de relève des Unités stationnées en Allemagne. Affecté au 110° RIC du 4/5/52 au 20/9/52.
Volontaire pour servir en Extrême Orient.
Deuxième séjour en Indochne du 14/3/53 Affecté au 2° BM du 1° RTA Prisonnier à Diên Biên Phu le 8/5/54 Libéré le 30/8/54 Rapatrié. Part en congé de fin de campagne de 69 jours.
Désigné le 21/1/55 pour les opérations dans le cadre du maintien de l'ordre le 17/6/55 à la Place de Batna au titre 2° RTA 5° RTA Blessé au cours de l'attaque du 9/7/55 et évacué sur l'hôpital militaire de Constantine.
Libéré le 5.12.56. A déclaré vouloir se retirer chez Tlemcani Commerçant à Nemours.
Pour copie conforme
Le capitaine Gaudin SAS de Nemours Tient

Campagnes   Mois
Tunisie   9

Italie	28
Allemagne	25
Indochine	43
Aurès	5

Décorations :
Croix de guerre TOE
Médaille coloniale EO
Médaille commémorative de la campagne d'Indochine
Médaille blessure

Citations :
Croix de guerre à l'ordre de la brigade 11 . 9 . 53

Table des matières

L'ALGÉRIE QUE J'AIME